U0140694

中国科协高端科技创新智库丛书

中　　国　　核　　学　　会
中国核科技信息与经济研究院　编著

中国科学技术出版社
·北　京·

图书在版编目（CIP）数据

核能技术与清洁能源 / 中国核学会，中国核科技信息与经济研究院编著．—北京：中国科学技术出版社，2020.9

（2049 年中国科技与社会愿景）

ISBN 978-7-5046-8672-5

Ⅰ.①核… Ⅱ.①中… ②中… Ⅲ.①无污染能源—能源发展—研究—中国 Ⅳ.①F426.2

中国版本图书馆 CIP 数据核字（2020）第 083770 号

策划编辑 王晓义
责任编辑 浮双双
装帧设计 中文天地
责任校对 焦 宁
责任印制 徐 飞

出 版 中国科学技术出版社
发 行 中国科学技术出版社有限公司发行部
地 址 北京市海淀区中关村南大街16号
邮 编 100081
发行电话 010-62173865
传 真 010-62173081
网 址 http://www.cspbooks.com.cn

开 本 720mm×1000mm 1/16
字 数 240千字
印 张 15.5
版 次 2020年9月第1版
印 次 2020年9月第1次印刷
印 刷 北京瑞禾彩色印刷有限公司
书 号 ISBN 978-7-5046-8672-5/F·894
定 价 98.00元

（凡购买本社图书，如有缺页、倒页、脱页者，本社发行部负责调换）

2049年中国科技与社会愿景

策划组

策　划　罗　晖　任福君　苏小军　陈　光

执　行　周大亚　赵立新　朱忠军　孙新平　齐志红
马晓琨　薛　静　徐　琳　张海波　侯米兰
马骁骁　赵　宇

2049年中国科技与社会愿景
核能技术与清洁能源

顾　问　李冠兴　叶奇蓁　徐　銤　李建刚

主　编　王寿君

副主编　潘启龙　于鉴夫

编　委　(按姓氏笔画排序)

马如冰　王　志　王　茜　白云生　刘　达
孙小凯　苏　罡　李言瑞　李建华　杜婷婷
杨　平　杨　勇　张　明　张一鸣　张力友
张红林　张振涛　陆浩然　陈树森　陈晓鹏
周超然　胡　古　顾忠茂　魏余东

总 序

科技改变生活，科技创造未来。科技进步的根本特征就在于不断打破经济社会发展的既有均衡，给生产开拓无尽的空间，给生活带来无限便捷，并在这个基础上创造新的均衡。当今世界，新一轮科技革命和产业革命正在兴起，从后工业时代到智能时代的转变已经成为浩浩荡荡的世界潮流。以现代科技发展为基础的重大科学发现、技术发明及广泛应用，推动着世界范围内生产力、生产方式、生活方式和经济社会发生前所未有的变化。科学技术越来越深刻地给这个急剧变革的时代打上自己的烙印。

作为世界最大的发展中国家和世界第二大经济体，中国受科技革命的影响似乎更深刻、更广泛一些。科技创新的步伐越来越快，新技术的广泛应用不断创造新的奇迹，智能制造、互联网 +、新材料、3D 打印、大数据、云计算、物联网等新的科技产业形态令人目不暇接，让生产更有效率，让人们的生活更加便捷。

按照邓小平同志确定的我国经济社会发展三步走的战略目标，2049 年中华人民共和国成立 100 周年时我国将进入世界中等发达国家行列，建成社会主义现代化强国。这将是我们全面建成小康社会之后在民族复兴之路上攀上的又一个新的高峰，也是习近平总书记提出的实现中华民族伟大复兴中国梦的关键节点。为了实现这一宏伟目标，党中央始终坚持科学技术是第一生产力的科学论断，把科技创新作为国家发展的根本动力，全面实施创新驱动发展战略。特别是在中共十八届五中全会上，以习近平同志为总书记的党中央提出了创新、协调、绿色、开放、共享五大发展理念，强调创新是引领发展的第一动力，人才是支撑发展的第一资源，要把创新摆在国家发展全局的核心位置，以此引领中国跨越“中等收入陷阱”，进入发展新境界。

那么，科学技术将如何支撑和引领未来经济社会发展的方向？又会以何种方式改变中国人的生产生活图景？我们未来的生产生活将会呈现出怎样的面貌？为回答这样一些问题，中国科协调研宣传部于 2011 年启动“2049 年的中国：科技与社会愿景展望”系列研究，旨在充分发挥学会、协会、研究会的组织优势、人才优势和专业优势，依靠专家智慧，科学、严谨地描绘出科技创造未来的生产生活全景，展望科技给未来生产生活带来的巨大变化，展现科技给未来中国带来的发展前景。

“2049 年的中国：科技与社会愿景展望”项目是由中国科学技术协会学会服务中心负责组织实施的，得到全国学会、协会、研究会的积极响应。中国机械工程学会、中国可再生能源学会、中国人工智能学会、中国药学会、中国城市科学研究会、中国可持续发展研究会率先参与，动员 260 余名专家，多次集中讨论，对报告反复修改，经过将近 3 年的艰苦努力，终于完成了《制造技术与未来工厂》《生物技术与未来农业》《可再生能源与低碳社会》《生物医药与人类健康》《城市科学与未来城市》5 部报告。这 5 部报告科学描绘了绿色制造、现代农业、新能源、生物医药、智慧城市以及智慧生活等领域科学技术发展的最新趋势，深刻分析了这些领域最具代表性、可能给人类生产生活带来根本性变化的重大科学技术突破，展望了这样一些科技新突破可能给人类经济社会生活带来的重大影响，并在此基础上提出了推动相关技术发展的政策建议。尽管这样一些预见未必准确，所描绘的图景也未必能够全部实现，我们还是希望通过专家们的理智分析和美好展望鼓励科技界不断奋发前行，为政府提供决策参考，引导培育理性中道的社会心态，让公众了解科技进展、理解科技活动、支持科技发展。

研究与预测未来科学技术的发展及其对人类生活的影响是一项兼具挑战性与争议性的工作，难度很大。在这个过程中，专家们既要从总体上前瞻本领域科技未来发展的基本脉络、主要特点和展示形式，又要对未来社会中科技应用的各种情景做出深入解读与对策分析，并尽可能运用情景分析法把科技发展可能带给人们的美好生活具象地显示出来，其复杂与艰难程度可想而知。尽管如此，站在过去与未来的历史交汇点，我们还是有责任对未来的科技发展及其社会经济影响做出前瞻性思考，并以此为基础科学回答经济建设和科技发展提出的新问题、新挑战。基于这种考虑，“2049 年的中国：科技与社会愿景展望”项目还将继续做下去，还将不断拓展预见研究的学科领域，陆续推出新的研究成果，以此进一步凝聚社会各界对科技、对未来生活的美好共识，促进社会对科技活动的理解和支持，把创新驱动发展战略更加深入具体地贯彻落实下去。

最后，衷心感谢各相关全国学会、协会、研究会对这项工作的高度重视和热烈响应，感谢参与课题的各位专家认真负责而又倾心的投入，感谢各有关方面工作人员的协同努力。由于这样那样的原因，这项工作不可避免地会存在诸多不足和瑕疵，真诚欢迎读者批评指正。

中国科协书记处书记 王春法

出版者注：鉴于一些熟知的原因，本研究暂未包括中国香港、澳门、台湾的内容，请读者谅解。

前言

核能是人类20世纪的伟大发现之一。积极推进核能和平利用，对于保障能源供应与安全、保护环境、实现电力工业结构优化和可持续发展具有重要意义。早在1970年，周恩来总理就做出了建设核电站的指示，但我国核电的实际起步时间是在20世纪80年代。自那时起，中国确立了以压水堆为主的技术路线，采用“以我为主，中外合作”的方针，通过自主建设秦山一期核电厂，并以成套设备引进方式建成大亚湾核电厂，为后续核电项目的建设提供了技术、工程和运行管理经验，缩短了与世界核电技术的差距。1991年，中国自行设计、建造和运营管理的第一座核电厂——秦山30万千瓦压水堆核电厂投入使用，结束了中国大陆无核电的历史；1994年，中国第一座大型商用核电厂——大亚湾核电厂建成，为我国核电建设实现跨越式发展、后发追赶国际先进水平奠定了基础。此后，我国又先后建设了秦山二期、岭澳、秦山三期、田湾、福清、红沿河、防城港等核电厂，形成浙江省秦山、广东省大亚湾、江苏省田湾、福建省福清、辽宁省红沿河、广西壮族自治区防城港等多个核电基地。

进入21世纪，在“积极发展核电”的方针指引下，我国核电迈入规模化发展阶段，开工建设了一批自主设计的二代改进型核电，并通过引进、消化、吸收、再创新开展三代项目建设，逐步掌握了大型先进压水堆核电站的自主开发能力。2011 年，日本福岛核事故给全球核电发展带来巨大冲击。我国充分吸收借鉴福岛核事故经验教训，采取应对措施，提升核电安全水平，调整完善产业规划，使核电发展进入安全高效发展新阶段，从二代向三代转型升级。2018 年我国已有 10 台三代核电机组开工建设，包括采用 AP1000 技术的自主化依托项目的三门、海阳 4 台核电机组，采用 EPR 技术的台山 2 台核电机组，以及采用自主三代核电技术华龙一号的福清、防城港共 4 台机组。截至 2019 年年底，我国商业运行的核电机组有 47 台（未含台湾地区），装机 4875 万千瓦。核电发展对于提升我国综合经济实力、工业技术水平和国际地位做出了巨大贡献，对于应对气候变化和改善环境质量发挥了重要作用。

经过 30 多年的努力，中国核电产业从无到有，再到大规模批量化建设，取得了举世瞩目的成绩，已成为世界核电大国。伴随着核电的发展，我国建立起健全的核能行业管理与安全监管体制机制，形成了较为完善的核安全法规标准体系，培育了一支高素质的核电产业队伍，在核科技研发、工程设计与管理、建设安装、设备制造、核燃料循环等方面跻身世界先进行列，为实施核电“走出去”战略奠定了坚实基础。

中共十九大报告提出，要推进绿色发展，建立绿色低碳循环发展的经济体系，壮大清洁能源产业。核能作为一种清洁低碳、安全高效、可大规模利用的非化石能源，是推进绿色发展、建设美丽中国的重要能源选择。国际核电发展实践说明，中国核电发展趋势必然是先沿海、再内陆，统筹协调有序可持续发展。倡导生态核电，积极推进核电建设，推动核电出口，是贯彻落实“创新、协调、绿色、开放、共享”五大发展理念，推进“一带一路”倡议和“走出去”战略的良好实践，对于满足经济社会发展不断增长的能源需求，实现能源、经济和生态环境协调发展，提升我国国际影响力、综合经济实力和持续发展水平具有十分重要的意义。

迈入新时代，按照中共中央提出的安全高效发展核能的方针，立足当前、谋划长远，本书系统梳理了全球核能发展的现状，分析了核能的地位及作用，牢牢把握党中央提出的核能“压水堆—快堆—聚变堆”三步走战略，深入研判核电技术发展趋势，提出了发展路线图。核燃料循环是有效保障核能安全发展的重要支撑，本书从地质勘查、天然铀生产、核燃料纯化转化、铀浓缩、元件制造、后处理等全环节分析了保障策略，并结合当前决策层、政府部门、社会公众关心的核安全问题，从技术源头上进行了深入分析，阐释了核能发展安全有保障。核能是典型的军民融合产业，先在军事力量得到应用，后推广到民用领域，本书瞄准未来人类需要，提出了核能在海洋、太空、供暖、运输等方面的新应用领域，勾勒了核能应用的美好前景。为促进核能安全高效发展，本书结合当前核能发展面临的形势及问题，提出了政策建议，供决策层参考。

本书力求客观反映当前我国核能产业现状及趋势，仅从研究角度分析了核能未来发展路线图。由于经验原因和水平有限，书中难免有疏忽和不当之处，恳请读者批评指正。

全国政协常委

中国核学会党委书记、理事长 王寿君

目　录

第一章
概述

第一节 概念及原理

迄今为止，人类获取核能的途径有两种：核裂变和核聚变。它们所释放出的能量分别称为核裂变能和核聚变能。核裂变和核聚变是两个相反的核反应过程。核裂变能是指某些元素（如铀、钚）的原子核在裂变为较轻原子核的过程中所释放的能量；核聚变能则是某些轻元素（如氢及其同位素氘、氚，以及氦、锂）的原子核聚变为较重原子核的过程中释放出的能量。在核裂变反应和核聚变反应中，都有净质量的减少，减少的质量转化为核能。质量的减少所释放出的能量符合爱因斯坦质能守恒定律，满足质能方程

$$E=mc^2$$

其中，E 为能量；m 为质量；c 为光速。

由此可以看出，质量很小的物质也蕴含着巨大的能量。例如，1 克的物质能转换成 2.5×10^7 千瓦时的电能或 90 太焦的热能。再如，一颗葡萄干大小的质量，当完全转换成能量时几乎能给美国纽约全城供电 1 天。由此可见，核能密度之巨大。核能的开发利用是现代科学技术的一项重大成就。和平安全利用核能是人类文明进步的一种标志。

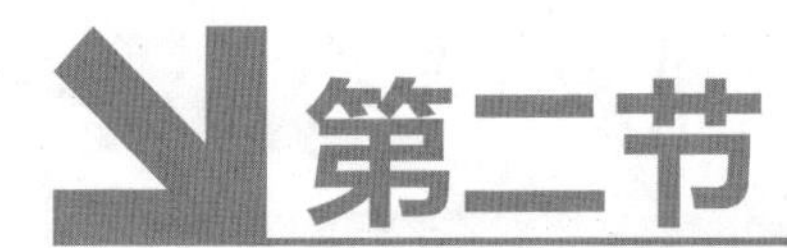

第二节 核能主要特征

核能具有安全、高效、绿色等特点。

核能是安全能源。核电设计采用纵深防御原则，设置三道屏障：第一道屏障是核燃料芯块和包壳。核燃料芯块是烧结的二氧化铀陶瓷机体，核裂变产生的放射性物质98%以上滞留在芯块中。燃料芯块密封在锆合金包壳内，有效防止放射性物质泄漏。第二道屏障是压力壳。压力壳由钢材制成，厚度高达20厘米，将放射性物质密封在一回路。第三道屏障是安全壳。安全壳由90~150厘米的钢筋混凝土制造，非常坚固，能将放射性物质密封在壳体内。当异常情况发生时，通过操作控制棒，阻断核反应进行，并启动应急冷却系统，对机组进行冷却，能第一时间保障安全。核电厂内部设有柴油发电机，降低了核电厂失电风险，即使失去厂内外电源，核电站也能够启动自动安全保护系统保障安全。

核能是高效能源。1千克铀-235的原子核全部裂变，可以释放相当于2700吨标准煤完全燃烧释放出的能量。一座百万千瓦级的核电厂每年只需补充一次约30吨的核燃料，用一辆重型卡车即可载运。同样规模的火电厂每年需要燃煤约300万吨，仅每天就需要一列40节车厢的火车来运输。同时，经近30年的发展，目前核电发电成本与其他能源品种相比具有很大优势，在区域能源供应中具有不可替代性。

核能是绿色能源。与火电相比，核能不排放二氧化硫、氮氧化物、二氧化碳和烟尘颗粒物等。一台百万千瓦级核电机组每年可减排二氧化碳600万吨、二氧化硫2.6万吨、氮氧化物1.4万吨。发展核电替代部分煤电，可以减少污染物的排放，减缓地球温室效应，有利于改善环境，实现能源与环境协调发展。

第三节 核能发展阶段

纵览世界核电发展历史，可以粗略将核电发展划分为实验示范、高速发展、减缓发展、复苏和稳步发展五个阶段。

第一阶段：实验示范阶段（20 世纪 50 年代中期至 60 年代初）

核电的实验示范阶段始于 20 世纪 50 年代至 60 年代初期。此时，核能开始从军用走向民用。这一阶段的工作以开发早期的试验堆和原型堆，也就是第一代核电厂为主。在此期间，全世界共有 38 台机组投入运行，包括 1954 年苏联建成的奥布宁斯克（Obininsk）压力管式石墨水冷堆核电厂，1956 年英国建成的卡德霍尔（Calder Hall）石墨气冷堆核电厂，1957 年美国建成的希平港（Shipping Port）压水堆核电厂，1961 年德国建成的卡尔（Kahl）沸水堆核电厂，1962 年法国建成的天然铀石墨气冷堆核电厂和加拿大建成的罗尔弗顿（Rolphton NPD）天然铀重水堆核电厂等。这一阶段核电厂的建设方案众多且多数反应堆处于方案验证阶段。各国通过对不同种堆型的广泛试验和探索，解决了一系列建造核电厂的工程技术问题，验证了核电厂在工程和经济上的可行性。相关的核电法规和标准也伴随着核电技术的越发成熟而逐步建立。

第二阶段：高速发展阶段（20 世纪 60 年代中期至 80 年代初）

核电的高速发展阶段是在 20 世纪 60 年代中期至 80 年代初，前后形成两次核电厂建设高潮，一次是在美国轻水堆核电厂的经济性得到验证之后，另一次是在 1973 年发生世界能源危机时，核电被很多国家作为保证能源安全的有效方案。美国在此期间建成和开工共计超过 100 台核电机组，堆型包括单机容量从 500~1100 兆瓦的压水堆和沸水堆，总装机容量约 1 亿千瓦，为当时世界之最。其间，法国从美国引进了西屋压水堆技术，世界能源危机之后建成和开工约 30 台 900 兆瓦核电机组和 20 台 1300 兆瓦核电机组。日本和德国以从美国引进技术或合作研发的形式，分别建成和开工近 40 台和 20 台核电机组，堆型包括压水堆和沸水堆。苏联在此期间建成和开工 20 余台核电机组，包括 1000 兆瓦的石墨水冷反应堆，440 兆瓦和 1000 兆瓦的 VVER 压水堆。英国和加拿大也各自建设了十几台石墨气冷堆和重水堆。这一时期，全球共新建 400 余台核电机组，总运行时间达到上万堆年。这一阶段的核电厂被称为二代核电厂。二代核电技术沿袭了第一代核电技术的优点，但是容量更大，技术更成熟，实现标准化和批量化，经济性更好。

第二代核电技术集中到了压水堆、沸水堆、CANDU 型重水堆、石墨气冷堆及 RBMK 石墨水冷堆等几种得到广泛验证的方案上。这一时期核安全的法律、法规和标准也基本完善，到 20 世纪 70 年代末现有核电厂在设计和安全评价上所遵循的确定论安全方法也已得到基本建立。

第三阶段：减缓发展阶段（20世纪80年代初至21世纪初）

从20世纪80年代初至21世纪初是核电的减缓发展阶段。世界经济增速回落，西方各国经济发展速度锐减，同时采取了大规模的节能措施，提高了能源利用效率，这些原因都使得电力需求大幅下降。80年代中期起，石油和煤产量过剩，价格持续走低，进一步使核电失去经济竞争力。此外，两次严重的核电厂事故也暴露了早期核电厂在安全理念和运行管理方面存在的问题，影响了社会和公众对于核电厂安全的信心。1979年，美国三里岛核电厂事故虽未造成人员伤亡和环境危害，但对世界核电发展产生了很大影响。美国核管会（NRC）加强了对核电厂的安全监管，不但严格控制新许可证的发放，而且提出了大量改进原有核电厂设备和规程的要求。这些因素削弱了核电的经济性优势，增加了投资风险。在1979年之后的30多年内，美国国内没有开展新的核电项目。1986年，苏联切尔诺贝利核电厂事故造成了大量的人员伤亡、大面积的环境污染和大规模的人员迁移。这次事故使公众一度对核电厂安全失去信心，核电发展跌至谷底，一些国家搁置甚至放弃了核电发展计划。

在20世纪80年代中期，美国电力研究院（EPRI）在美国能源部和核管会的支持下，制定了《先进轻水堆用户要求文件》（URD）。随后，欧共体国家发布了《欧洲用户要求文件》（EUR）。国际上通常把满足URD或EUR要求的核电厂称为第三代核电厂。世界各大核电供应商按照URD或EUR的要求，通过改进第二代核电厂、增加相关科研投入开发了多种第三代核电堆型，其中，压水堆包括美国AP1000、法国EPR、韩国APR1400、俄罗斯VVER–1200（AES–2006）、美日合作APWR等。这些先进核电厂具备完善的严重事故预防和缓解手段，在提高核电厂的经济性方面也采取了相关措施，包括简化设计、提高单堆容量、提高可利用率、延长设计寿命等。因此这一时期，在核电装机规模减缓发展的趋势之下，孕育了更安全的核电标准和更先进的核电技术，并在部分相关领域取得了突破性的进展。

第四阶段：复苏阶段（21 世纪初至 2011 年）

在这一阶段，世界经济迎来了新一轮的增长。由于发展中国家的高速发展，石油、天然气价格上涨，世界能源结构受到了影响。此外，温室气体排量的逐年上升和雾霾等环境问题日益突出，各国政府被迫重新审视非化石能源在可持续发展中的战略地位。更重要的是经过减缓发展阶段的技术储备，在核电机组技术和管理方面取得了长足进步，为更安全、更经济的核能利用提供了技术保障，增强了政府和公众对核能的信心。综合两方面因素，核电复苏阶段很多国家采取了积极的核电发展政策。存在大量新增能源需求的中国、韩国、俄罗斯和印度等新兴核电国家成为核能复兴的主要动力，提出了长远的核电计划，在快速增加核电装机容量的同时加大了对核电技术的研发投资。此外，面临核电需要更新换代和电力结构需要优化的发达国家如美国、英国和日本等也在酝酿新一轮的核能发展计划。部分“反核”传统比较强大的国家如意大利、瑞典、瑞士也开始取消发展核电的限制。众多无核国家也在这一时期积极进入核电市场，阿联酋、土耳其、越南等均与国外合作伙伴签署了建造本国首座核电厂的相关协议。21 世纪的核能复兴使满足成熟性和经济性要求的二代改进型核电厂和第三代核电厂在市场中获得了良好的工程应用契机和巨大的发展空间，比如中国和美国在建的 AP1000，法国、芬兰和中国在建的 EPR，韩国和阿联酋在建的 APR1400 等。

第五阶段：稳步发展阶段（2011 年至今）

2011 年 3 月 11 日由地震和海啸引发的日本福岛第一核电厂事故是历史上继三里岛和切尔诺贝利核事故之后的又一次严重事故，再次引发了全球对核电安全的高度关注。福岛核事故发生后，人们开始重新审视、评估核电的安全性。为确保核电站的安全，世界各国加强了在安全设施上的投入力度，制定了更严格的审批制度。虽然德国、瑞士和意大利等少数国家做出了暂缓新建核电或退出核电的决定，但中国、美国、法国、俄罗斯和英国等多数国家仍然对核电采取理性的态度，并从福岛核事故中汲取教训以进一步提高核电安全技术水平和监管水平，推动核电技术向前发展。

第二章
世界核能发展概述及核电规模预测

第一节 世界核能发展现状

一、核电生产运行

核能和平利用是20世纪人类在能源领域的一项重大活动。20世纪50年代一批实验性和原型堆的建设，验证了利用核能发电的技术可行性。20世纪60年代后期，国际上陆续建成电功率在30万千瓦以上的压水堆、沸水堆和重水堆等核电机组，核电的经济性也被证明能够与水电、火电相竞争。20世纪70年代，由于石油涨价引发能源危机等因素，核能开发进入产业化与高速推广应用阶段，目前世界上商业运行的机组大部分都是在此期间建成的。

1979年之后，美国三里岛核事故和苏联切尔诺贝利核事故的发生，使核电发展进入20多年的萧条期，全球核工业界不断反思与总结，持续改进反应堆安全设计，提高安全管理水平，高度重视核安全文化，核电厂安全性和机组运行业绩得到进一步提升，同时美国于20世纪90年代提出了《先进轻水堆用户要求文件》(URD)，欧共体国家出台了《欧洲用户要求文件》(EUR)，用一系列指标规范了新一代核电站的安全性和经济性。进入21世纪以来，随着全球经济增长，为减少温室气体排放，应对气候变化，核能作为低碳能源再次得到各国的关注，核电进入逐步复苏发展阶段。2011年福岛核事故再次给核能发展带来巨大影响，但在国际原子能机构(IAEA)和各国不懈努力下，核能行业汲取经验教训，完善和提高核电安全标准，进一步改进预防和缓解严重核事故的措施，提高了核电厂安全性，公众对核电的信心逐步恢复。

核电作为一种安全、低碳、可大规模利用的能源，在优化能源结构、保障能源安全、减少温室气体排放、促进经济可持续发展等方面的作用得到广泛认可。截至 2019 年年底，全球在运机组 448 台，总装机容量 3.97 亿千瓦，分布在 30 个国家（表 2–1）。

表 2–1　世界各国在运核电机组情况

国家	反应堆数量	净装机容量 / 兆瓦	2018 年核发电量 / 太瓦时	核电占比
亚美尼亚	1	375	1.9	25.6
伊朗	1	915	6.3	2.1
荷兰	1	482	3.3	3
斯洛文尼亚	1	688	5.5	35.9
巴西	2	1884	14.8	2.7
保加利亚	2	1966	15.4	34.7
墨西哥	2	1552	13.2	5.3
罗马尼亚	2	1300	10.5	17.2
南非	2	1860	10.6	4.7
阿根廷	3	1633	6.5	4.7
芬兰	4	2784	21.9	32.4
匈牙利	4	1902	14.9	50.6
斯洛伐克	4	1814	13.8	55
巴基斯坦	5	1318	9.3	6.8
瑞士	5	3333	24.5	37.7
捷克	6	3932	28.3	34.5
比利时	7	5918	27.0	39.0
西班牙	7	7121	53.3	20.4
德国	7	9515	71.9	11.7
瑞典	7	7706	65.9	40.3
乌克兰	15	13107	79.5	53.0
英国	15	8923	59.1	17.7
加拿大	19	13554	94.4	14.9
印度	22	6255	35.4	3.1
韩国	24	23123	127.1	23.7
俄罗斯	37	28387	191.3	17.9
日本	37	35947	49.3	6.2
中国	48	45518	277.1	4.2
法国	58	63130	395.9	71.7
美国	96	97565	808.0	19.3
总计	448	397351	2562.8	

注：数据来自 IAEA，反应堆数量和净装机容量统计截至 2019 年年底，核发电量为 2018 年数据。中国数据指我国大陆情况，全球总量中包含了中国台湾地区数据（4 台机组，装机容量总计 3844 兆瓦）。

商业在运反应堆中，压水堆（PWR）、沸水堆（BWR）和重水堆（PHWR）是三种主要的堆型，数量分别为300、70和48，分别占总数的66.94%、15.63%和10.71%。世界在运反应堆分布情况和各国电力结构中核电占比情况分别见图2-1、图2-2。

全球具有核发电能力的国家中，美国、法国、中国、日本、俄罗斯和韩国在运反应堆规模居世界前6位，反应堆数量占全球总量的67%，装机容量占全球总量的73.9%。2018年，全球电力结构中核电发电量占比为10.25%。世界各国电力结构中，核发电占比超过10.15%的有20个国家，超过25%的有12个国家，超过50%的有4个国家。

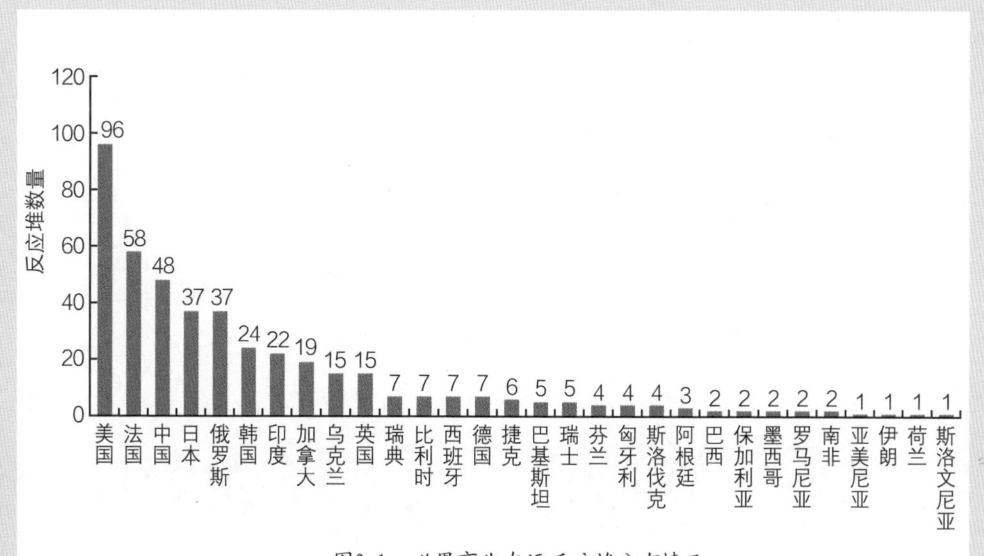

图2-1 世界商业在运反应堆分布情况

注：数据来自IAEA，统计截至2019年年底，其中中国数据指我国大陆情况，由于衡定标准不同，与国内统计数字略有差别。

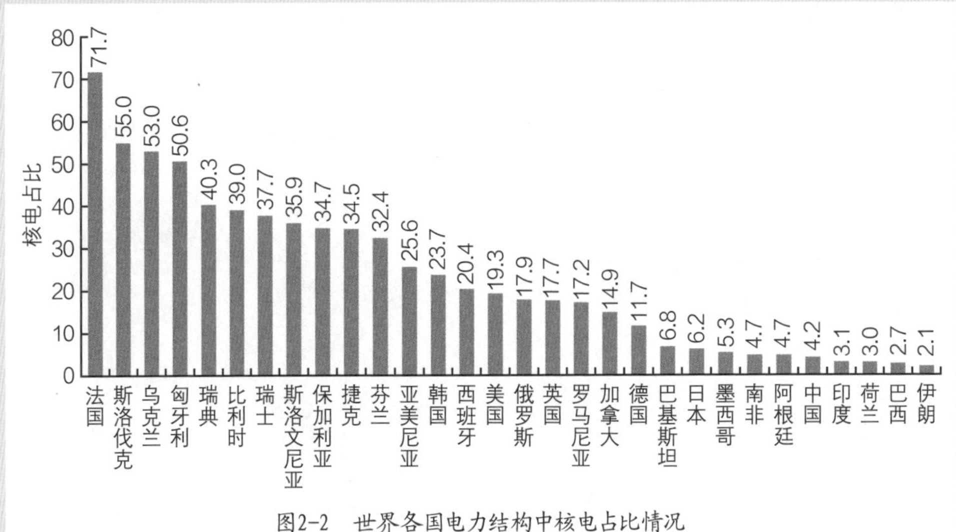

图2-2　世界各国电力结构中核电占比情况

注：数据来自 IAEA，统计数据为 2018 年情况，福岛核事故后，日本核电站停运数量较多，所以核电占量较低。

二、核电工程建设

截至 2019 年年底，世界在建核电机组 54 台，分布在 19 个国家或地区，总装机容量 5584.3 万千瓦（表 2-2）。世界在建核电净装机容情况如图 2-3 所示。在建反应堆大部分为压水堆，数量占到 81.13%。世界各堆型在建装机容量如图 2-4 所示，各堆型数量占比情况见图 2-5。

表 2-2 世界各国在建核电机组情况

国家	机组数量	净装机容量 / 兆瓦
中国	11	10564
韩国	4	5360
阿联酋	4	5380
印度	7	4824
俄罗斯	5	4557
日本	2	2653
美国	2	2234
白俄罗斯	2	2220
孟加拉国	2	2160
乌克兰	2	2070
巴基斯坦	2	2028
法国	1	1630
芬兰	1	1600
巴西	1	1340
土耳其	1	1114
斯洛伐克	2	880
阿根廷	1	25
英国	1	1630
伊朗	1	974
总计	54	55843

注：数据来自 IAEA，统计截至 2019 年年底，其中中国数据指我国大陆情况，由于衡定标准不同，与国内统计数字有差别；全球总量数据中包括中国台湾地区在建 2 台，总装机容量 2600 兆瓦。

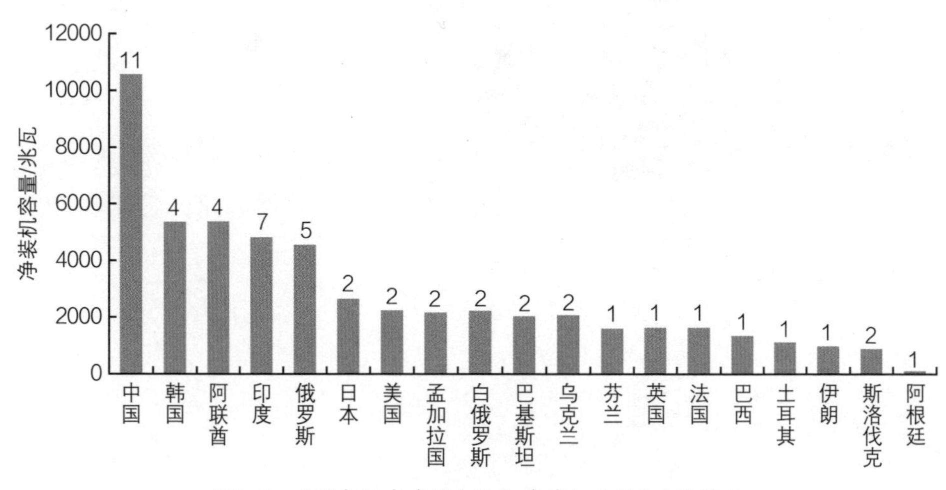

图2-3 世界各国在建核电机组净装机容量与台数情况

注：数据来自 IAEA，统计截至 2019 年年底。

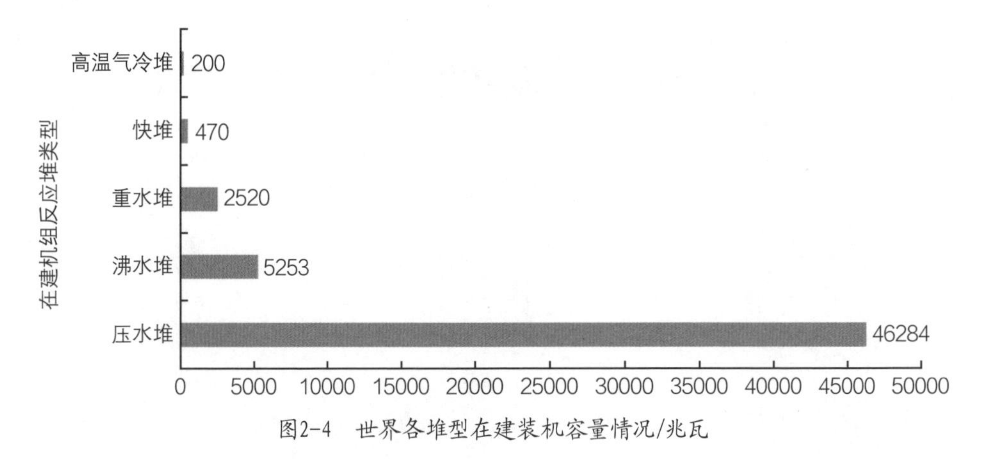

图2-4　世界各堆型在建装机容量情况/兆瓦

注：数据来自IAEA，统计截至2019年年底。

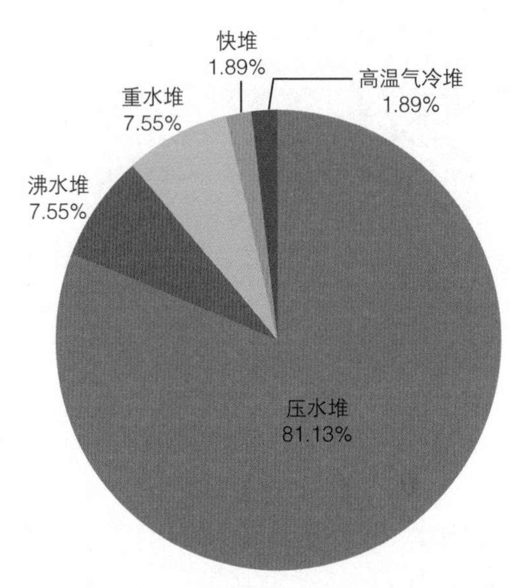

图2-5　世界在建机组各堆型数量占比情况

注：数据来自IAEA，统计截至2019年年底。

福岛核事故对全球核电产业的影响逐渐减弱，世界核电发展正在回暖。统计显示，2008—2019年，全球开工机组86台，并网机组64台，永久停堆61台。其中2011年福岛核事故后，新开工机组48台，并网机组57台，永久停堆57台。2008—2019年，每年新开工、并网和永久停堆机组如图2-6所示。

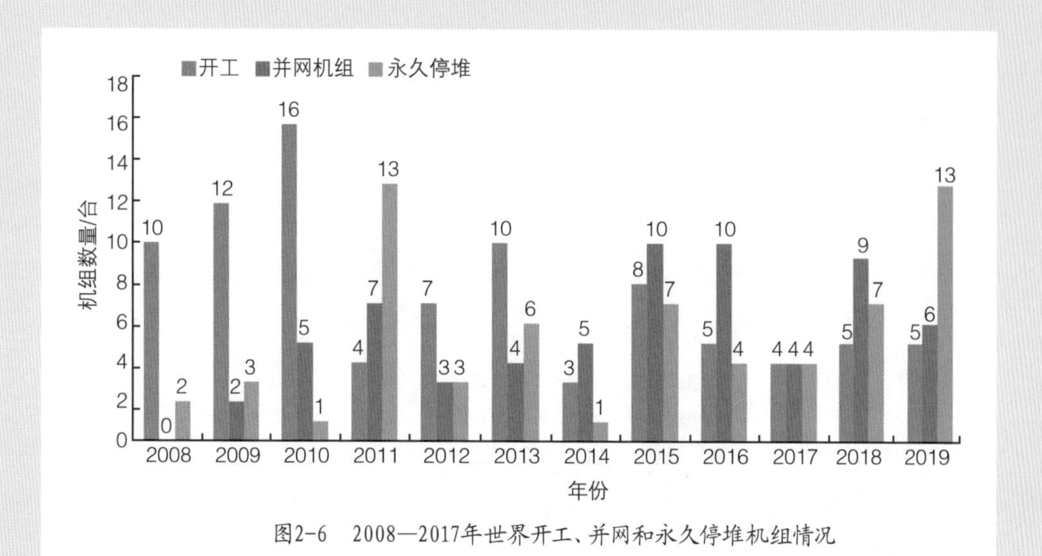

图2-6　2008—2017年世界开工、并网和永久停堆机组情况

注：数据来自IAEA，统计截至2019年年底。

三、天然铀

根据经济合作与发展组织核能署（OECD-NEA）和国际原子能机构（IAEA）联合发布的历年版铀红皮书——《铀资源、生产和需求》，以及世界核协会（WNA）整理的数据，世界主要铀资源生产国历史铀资源产量如表2-3所示。2016年，世界天然铀总产量为62071吨铀。哈萨克斯坦是世界上天然铀产量最多的国家，2016年产量为24689吨铀，高于位列第二和第三的加拿大和澳大利亚的总产量之和；世界前五大铀资源生产国的产量约占世界总产量的83%。

2016年版《铀资源、生产和需求》对主要铀资源生产国未来成本低于130美元/千克铀级别天然铀产能进行了预测。预测显示，2020年、2025年、2030年和2035年只考虑现有生产基地的全球天然铀（成本低于130美元/千克铀级别）产能将分别达到67335、67955、64735和56625吨铀/年；如果再考虑当前正在计划中的生产基地的设计产能，相应级别天然铀2020年、2025年、2030年和2035年的全球产能将分别达到76185、81360、86740和90690吨铀/年。

除了天然铀资源的直接开采，世界铀资源总供给还包括库存和弹料稀释的低浓铀、尾料再浓缩等多种铀资源二次供应来源。据 IAEA 测算，目前铀资源二次供应规模将长期维持在约 1 万吨铀 / 年。

表 2-3　世界主要天然铀生产国历史产量　　单位：吨铀

年　度	2001	2002	2003	2004	2005	2006	2007	2008
哈萨克斯坦	2114	2826	3327	3719	4346	5281	6633	8512
加拿大	12522	11607	10455	11597	11628	9862	9476	9000
澳大利亚	7720	6854	7573	8982	9512	7593	8602	8433
尼日尔	2919	3080	3157	3185	3322	3443	3193	2993
纳米比亚	2239	2333	2037	3038	3146	3076	2832	4365
俄罗斯	3090	2850	3073	3290	3285	3190	3413	3521
乌兹别克斯坦	1945	1859	1603	2087	2300	2260	2270	2283
美国	1015	902	769	943	1171	1805	1747	1492
乌克兰	750	800	800	855	830	810	800	830
年　度	2009	2010	2011	2012	2013	2014	2015	2016
哈萨克斯坦	14020	17803	19450	21240	22513	22781	23800	24575
加拿大	10174	9775	9145	8998	9332	9136	13325	14039
澳大利亚	7934	5918	5967	7009	6432	4976	5654	6315
尼日尔	3245	4197	4264	4822	4528	4057	4116	3477
纳米比亚	4626	4503	4078	4239	4264	3246	2993	3315
俄罗斯	3565	3562	2993	2862	3135	2991	3055	3004
乌兹别克斯坦	2657	2874	2500	2400	2400	2700	2385	2404
美国	1594	1630	1582	1667	1792	1881	1256	1125
乌克兰	815	837	873	1012	926	954	1200	1005

注：数据来自历年《铀资源、生产和需求》及世界核协会。

四、铀转化服务

全球铀转化市场在未来数年仍将保持供应充分的状态。二次供应对全球市场的影响虽然在逐渐减少，但到 2035 年仍将继续发挥重要作用。截至 2016 年，全球共有五家大型商业铀转化服务供应商。

法国阿海珐集团[①]（AREVA）、加拿大矿业能源公司（Cameco）、美国康弗登公司（ConverDyn）、俄罗斯国家原子能集团公司（Rosatom）和中国核工业集团有限公司（CNNC），这五家供应商在全球铀转化服务市场上的份额如图 2-7 所示。

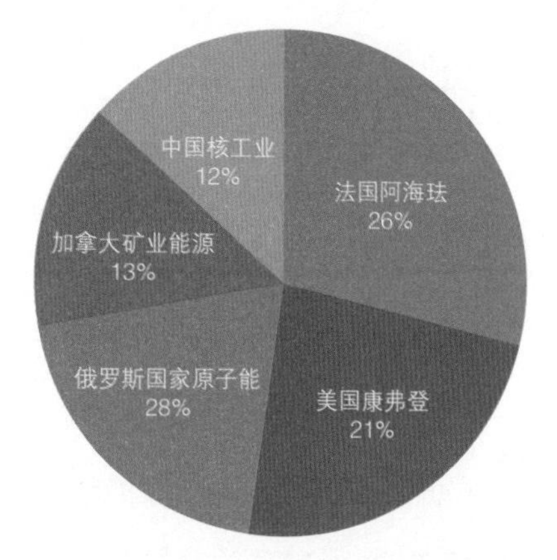

图2-7　世界铀转化服务一次供应市场份额

据 UxC 预测，到 2030 年，全球铀转化产能将超过 8 万吨铀 / 年（图 2-8）。在中发展情景下，铀转化市场将维持供需平稳。在低发展情景下，将出现产能过剩的局面。而在高发展情景下，铀转化市场将出现供不应求的局面。不久的将来，中国的市场份额将逐渐增加，并逐渐超过其余四大铀转化供应商。铀转化二次供应的占比将逐年减少，到 2030 年二次供应铀转化的产能将低于 1 万吨铀 / 年。

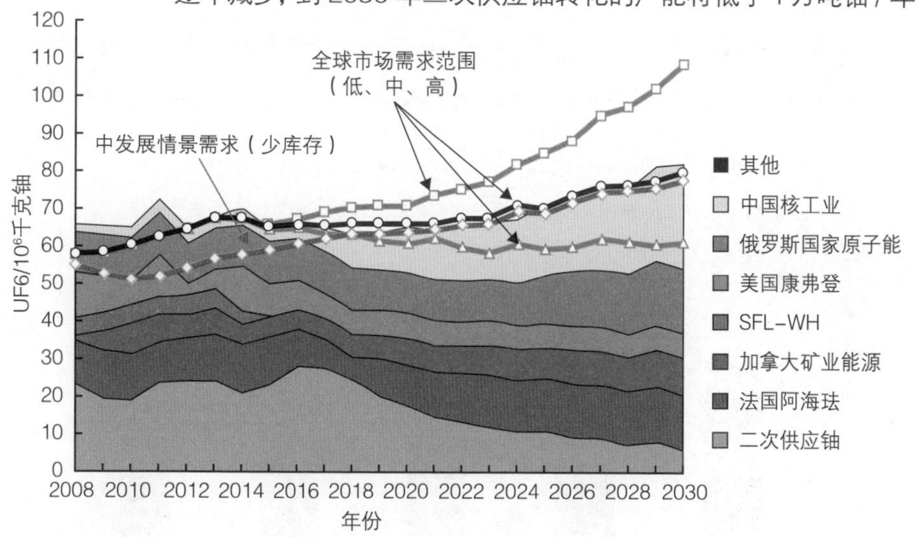

图2-8　全球市场铀转化供需预测

注：数据来源：UxC URM 模型情景分析。

① 2018 年阿海珐更名为 Orano。

五、铀浓缩服务

全球提供商业浓缩服务的供应商有中国核工业集团有限公司（中国）、阿海珐（法国）、俄罗斯国家原子能公司（Rosatom）下属TVEL/TENEX和URENCO（欧洲和美国）。在阿根廷、巴西、印度、伊朗、日本和巴基斯坦有小型转化和浓缩设施。供大于求的严峻形势以及由此造成的价格长期低迷，已使浓缩市场遭受重创，而且这种局面目前没有任何回暖的迹象。浓缩市场成为一个严重供大于求、扩建或新建计划被搁置、订单竞争激烈的市场。通过利用低尾料丰度运行和尾料再浓缩，利用过剩浓缩能力生产更多的铀，将是铀浓缩供应商的一项替代收入。

对于未来全球主要铀浓缩供应商市场份额的变化，根据UxC的预测，在中发展情景下，阿海珐、URENCO与TVEL/TENEX铀浓缩产能将不会有太大变化，中国核工业集团有限公司在国际市场份额将逐渐增加。到2030年，将形成中国核工业集团有限公司、URENCO与TVEL/TENEX世界三大铀浓缩供应商局面，美国USEC在铀浓缩市场的份额将逐渐降低。2030年，总产能将超过7万吨分离功单位/年（图2–9）。

关于未来全球市场供需情况，据UxC预测，铀浓缩供大于求的局面将逐渐好转。中发展情景下，到2030年，铀浓缩市场将达到供需平衡。只有在高发展情景下，全球铀浓缩市场才会出现供不应求的局面。

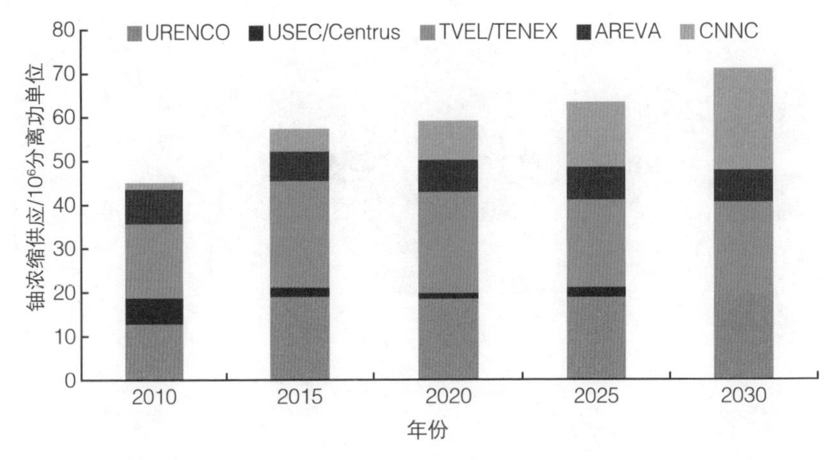

图2-9　2010—2030年世界主要铀浓缩供应商市场份额

注：数据来源：UxC。

六、核燃料元件制造

全球的核反应堆主要是轻水堆和重水堆，因此核燃料元件制造主要服务于这两种堆型，并且以轻水堆燃料制造为主。由于核燃料元件与反应堆自身的物理特性、用户的燃料循环策略等方面息息相关，因此全球大多数核燃料制造商同时也是反应堆供应商，为其设计的反应堆提供首炉和初期换料。反应堆机组的运行变化、燃料管理策略以及燃料元件的制造技术提升影响着燃料元件的制造需求。反应堆装机容量也影响着燃料元件的需求。目前每 100 万千瓦装机每年需要 20~25 吨铀。

2016 年，全球燃料元件市场供大于求。根据 UxC 燃料元件市场报告分析，未来几年全球市场将维持产能过剩的局面（图 2-10）。到 2030 年，全球市场燃料元件总产能将超过 16000 吨铀 / 年。根据预测，未来十年，阿海珐、西屋（Westing house）等老牌大型供应商的产能将不会有太大变化。

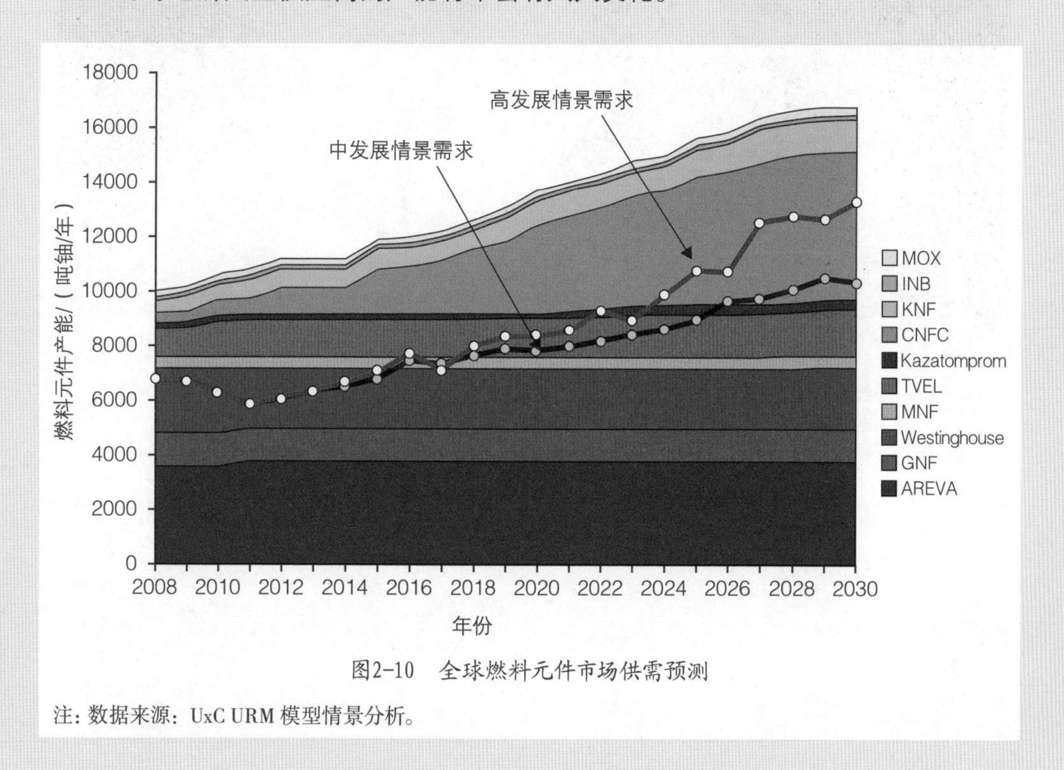

图2-10　全球燃料元件市场供需预测

注：数据来源：UxC URM 模型情景分析。

第二节 当前主要核电国家核电发展趋势及全球规模预测

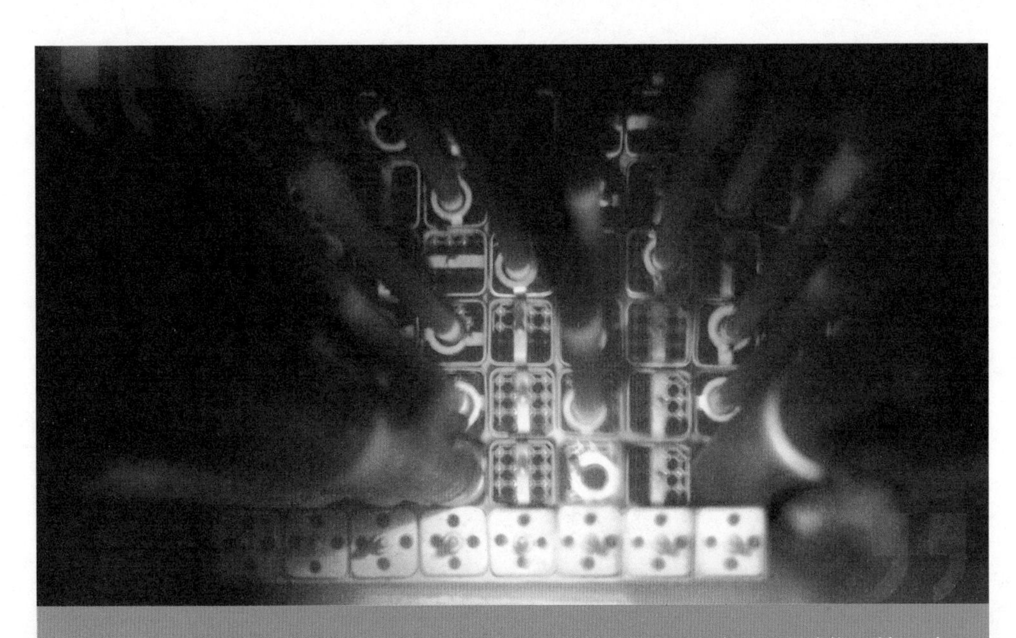

世界各国已逐步摆脱福岛核事故的阴影，步入后福岛发展时代。美国力推核电作为清洁能源方案，肯定核电对降低碳排放的贡献，正积极采取措施推动新一代核电技术发展，始终重视核科技研发，积极推动小堆、先进核能技术的开发应用，维护核电大国地位。2015年8月，美国政府发布了最终版本的清洁发电计划，通过一套重要的规则和激励措施，目的在于减少美国电厂温室气体排放物。2020年，美国能源部发布《重塑大国竞争：恢复核能竞争优势》报告，立足巩固美国在核能领域的全球领导地位。

（一）主要核电国家核能发展趋势

1 美国

核能在美国能源中有着不可替代的地位且具有较高的战略地位，核能政策始终体现了“军民兼备”的特点，美国政府明确重振和保持美国核能大国地位。

2020 年，国会批准了美国能源部（DOE）核能计划资金的 12.5% 增长预算，主要内容包括先进反应堆示范计划（包括多功能试验反应堆）的 2.3 亿美元。特朗普总统公布的 2021 年度预算案中为核能研究与开发及相关计划预留了 12 亿美元，这大大超出 2019 年提出的 8.24 亿美元预算申请。

美国核管会一直在对在运机组进行延寿与二次延寿。2020 年 1 月 27 日，美国核管会（NRC）批准 Exelon 电力公司旗下桃花谷（Peach Bottom）核电厂 2、3 号机组（1308 兆瓦，BWR）延寿 20 年，至此，两台机组运行寿期将达 80 年。

美国能源部以成本共担方式支持 Nuscale 等公司开发小型模块堆，计划 2026 年实现商业化，以适应未来分布式发电市场需求，于 2019 年 12 月 12 日在设计安全审查中取得突破性进展。

为了重振国内燃料循环外，2019 年，美国成立了核燃料工作组，研究振兴国内铀业的办法。2021 财年预算中还包括一项用 1.5 亿美元的资金建立铀储备的新计划。该计划将通过铀的国内生产和转化来帮助重建美国的核燃料供应链，美国核能办公室也将在 2021 财年开始铀储备的采购程序。

2 俄罗斯

近 20 年来，俄罗斯政府能源政策主线始终是清晰稳定的：支持本国核电发展，提高本国核电发电比例，并大力推动核电技术出口，抢占全球核电市场。根据最新的俄罗斯联邦发展战略（Federal Target Program，FTP），预计到 2030 年核能在俄罗斯电力供应中的份额将达到 25%~30%，2050 年将达到 45%~50%，到21世纪末将达到70%~80%。

2019年，俄罗斯与计划引进核电的国家签署了一系列协议以及谅解备忘录，包括阿塞拜疆、刚果、古巴、埃及、埃塞俄比亚、塞尔维亚、乌兹别克斯坦、印度等。

俄罗斯还积极进行核电技术应用创新，研发的VVER、BN核电技术品牌形成多种系列型号，还在不断研发改进更高性能的包括铅冷快堆、高温气冷堆、聚变堆和混合堆等在内的核电技术；推动核能的多用途应用，包括浮动核电站、核动力破冰船、空间堆等。该国首座浮动核电站"罗蒙诺索夫院士"号2019年12月19日开始在俄罗斯远东楚科奇地区的佩斯韦克市试运行。目前Rosatom公司正在研制第二代浮动式核电站，届时电站的输出电功率将达到100兆瓦。

3 法国

2019年9月，法国通过的《能源与气候法案》中详细规划了法国能源未来的转型轨迹，希望在2035年前降低核能在电力生产中的份额由目前的75%降低至50%，并最终达成与可再生能源平衡的目标。为此，法国政府推行了能源发展长期计划，旨在指导法国未来10年的能源转型路线，计划到2035年关闭14座核反应堆，并显著扩大太阳能与风能的使用。虽然在《能源与气候法案》中没有明确提及建造新的反应堆计划，但法国时任总统马克龙曾呼吁法国核工业体系在2021年中期提出一项计划，允许企业高管决定是否需要建设新反应堆，并为核电发展预留了政策空间。2019年10月，法国电力集团提交了未来15年内建造6个新反应堆的计划。

4 日本

考虑能源独立与供应安全、保持电源与电价稳定性、实现脱碳目标等多种因素，日本政府坚持继续发展核电，强调核电作为"重要的基荷电源"，继续推进安全前提下的核电重启。但是鉴于福岛核事故后国内强烈反核舆论的压力，日本重启核反应堆的步伐缓慢。

在海外出口方面，由于成本高于预期以及客户融资的不确定性，日本的核反应堆出口已经枯竭，日立和三菱公司都退出了计划中的交易。2019 年 12 月，越南也申请取消了与日本合作的核电项目。

在反应堆研发方面，日本目前主要研究实验室规模的项目，将开发部署具有安全性、经济性和运行效率的堆型技术，包括小型模块化堆（SMR）、高温堆在内的先进堆型。

（二）预测

随着经济调整为更加平衡的可持续增长模式，全球向清洁能源过渡，其非化石能源需求增速将超过能源需求的整体增速。核能既是清洁能源的主要来源，也能促进其他清洁能源的发展。在全球范围内，核能产生了近 1/3 的世界清洁电力。在美国，这个比例超过 50%。2018 年，全球清洁能源部长会议提出的清洁能源的未来倡议（NICE Future），强调核能作为清洁可靠能源的价值（表 2–4）。

表 2–4　各种电源的替代情况

电源形式	利用小时数	占地面积 / 公顷	等效减排	等效植树造林 / 公顷
核电	7000~8000	59	572.2 万 ~654 万吨 CO_2、1.9 万 ~2.1 万吨 SO_2、1.6 万 ~1.8 万吨 NO_X	24.4 万 ~27.6 万
风电	1900	35100	155 万吨 CO_2、0.5 万吨 SO_2、0.43 万吨 NO_X	6.6 万
光电	1200	2878	98 万吨 CO_2、0.31 万吨 SO_2、0.28 万吨 NO_X	4.2 万

国际原子能机构（IAEA）于 2019 年 8 月在新版《至 2050 年能源、电力和核电预测》报告中指出，假设维持当前的政策、技术、市场趋势不变，并按期淘汰现有核

电站（即“保守情景”），预计到2050年全球核电装机容量将比2018年减少6%至371吉瓦；假设延长现有核电站运行寿命，且对各国政策、技术和市场发展有更乐观的估计（即“乐观情景”），到2050年全球核电装机容量则将增长81%至715吉瓦。

2019年，世界核协会[①]发布的《沉默的巨人——清洁能源系统对核能的需求》报告认为，为应对气候变化，期待核能作为实现可持续能源转型的催化剂。报告指出，核能是建立大功率、清洁能源系统的快车道，不仅提供更健康的环境和负担得起的电力供应，而且还加强能源安全，有助于缓解气候变化。作为和谐计划的一部分，世界核协会制定了一个目标，在2050年之前，在全世界再建造1000吉瓦的反应堆，使全球核能发电的份额达到25%。

据国际能源署（IEA）[②]2019年5月最新预测，在各国现有和计划实行的政策（新政策情景）下，2019—2040年，核能发电量年均增速预计为1.5%，在全球发电总量中的占比将从10%略微下降到9%；在可持续发展情景下，2019—2040年，核电发电量年均增速将达到2.8%，在全球总发电量中的占比将达到13%。

从上述预测看出，尽管不同机构的预测数据有较大的差别，但总体上都是积极的，未来全球核电的装机容量会有显著的增长，到2050年核电装机规模将比现在增长60%~146%。增长区域分布上，除了中国、印度、俄罗斯、英国等已有核电国家具备较大增长潜力，孟加拉国、白俄罗斯、埃及、印度尼西亚、波兰、立陶宛、哈萨克斯坦、土耳其、约旦等未发展核电的国家都已经制定了完善的核电发展计划，正在积极推动本国首座核电站建设工作；沙特阿拉伯、泰国、摩洛哥、马来西亚、尼日利亚、以色列、智利、阿尔及利亚等国也在考虑发展核电。

---

① WNA：The Silent Giant the Need for Nuclear in a Clean Energy System，2019.

② IEA：Nuclear Power in a Clean Energy System，2019.5.

第三章
我国核能发展概述及核电规模预测

>>>

我国核能利用起步于1955年。改革开放以前，核能主要为国防建设服务，成功研制出原子弹、氢弹和核潜艇，取得了举世瞩目的成就，奠定了我国核大国的地位。改革开放以后，核能利用逐步把工作重点转移到为国民经济建设服务上来，开启了发展核电的新征程，经过30多年的发展，目前已成为世界核电大国。长期以来，在中共中央、国务院的领导下，我国核能行业认真贯彻安全高效发展的方针，不断提升核电机组安全性能和运行水平，确保在建核电项目工程质量，持续提升核电运行业绩水平，加大核电技术装备研发力度，全面加强核电行业管理，完善核电安全法规标准体系，加强核燃料循环保障能力，贯彻落实“一带一路”倡议，积极开展核能国际合作，取得了新的进展、新的成绩。

第一节 我国核电发展概述

一、核电生产运行

根据统计，截至2019年年底，全国（未含台湾地区）商业运行核电机组共计47台，装机容量为4875.1万千瓦；在建核电机组13台，总装机容量1387.1万千瓦。核电总装机容量占全国电力装机总量的2.42%（图3-1）。2010—2019年，我国核电运行装机规模持续增长（图3-2），目前在运核电装机规模仅次于美国、法国位列全球第三。

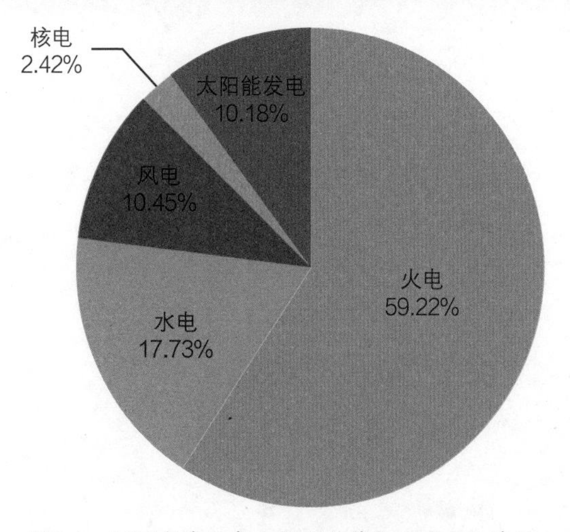

图3-1　2019年我国各电源形式装机容量占比情况

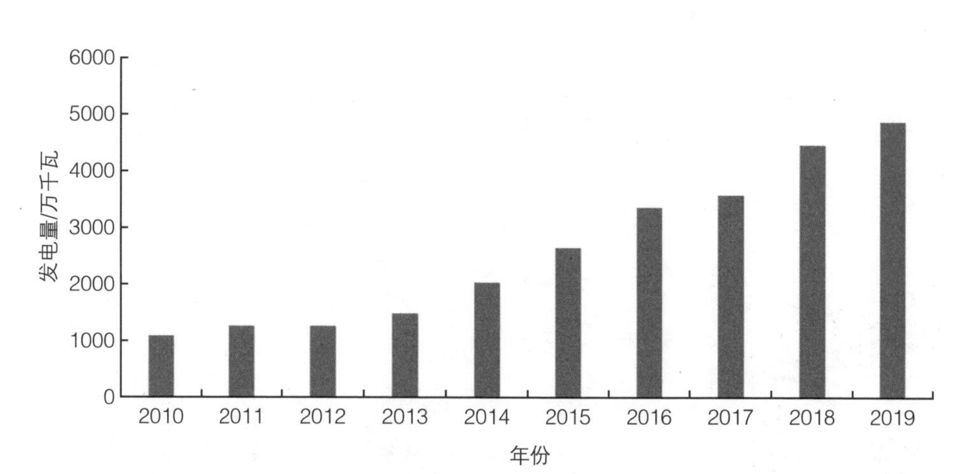

图3-2　2010—2019年全国核电装机规模增长情况

根据中国核能行业协会发布的数据，2019 年全国商运核电机组累计发电量为 3481.31 亿千瓦时，同比增长 18.09%，中国已经成为核电发电量第三大国。2019 年，核发电量约占全国总发电量的 4.88%（图 3-3），与燃煤发电相比，核能发电相当于减少燃烧标准煤 10687.62 万吨，减少排放二氧化碳 28001.57 万吨，减少排放二氧化硫 90.84 万吨，减少排放氮氧化物 79.09 万吨。2010 —2019 年，核电发电量持续增长（图 3-4），为保障电力供应安全和节能减排做出了重要贡献。

2019 年，全国核电设备平均利用小时数为 7346 小时（图 3-5），设备平均利用率为 83.86%，同比略有增长。其中有 10 台机组的设备利用小时数超过 8000 小时。

自 1994 年首台核电机组商运至 2019 年年底，全国在运核电机组累计运行 359.78 堆·年。

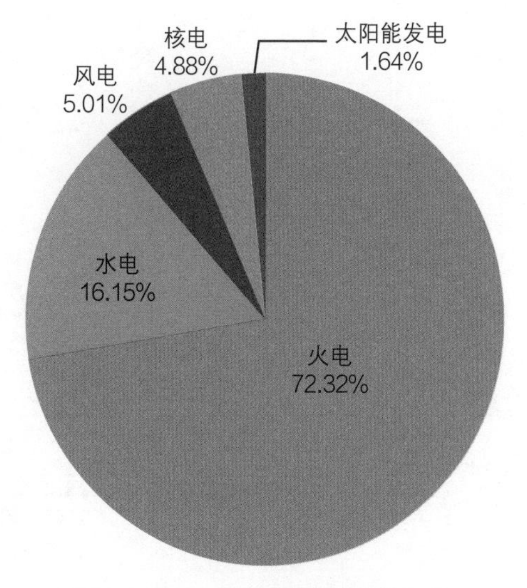

图3-3　2019年我国发电量结构示意

2019 年，各运行核电厂

严格控制机组的运行风险，继续保持安全、稳定运行，共发生1起国际核事件分级（INES）一级及以上的运行事件。各运行核电厂未发生较大及以上安全生产事件、环境事件、辐射污染事件，未发生火灾爆炸事故，未发生职业病危害事故。各运行核电厂放射性流出物的排放量远低于国家标准限值，环境空气吸收剂量率控制在当地本底辐射水平涨落范围内。

与世界核运营者协会（WANO）规定的性能指标对照，在全球400多台运行机组中，我国运行机组83.74%的指标优于中值水平，72.52%达到先进值，与美国核电机组水平相当，且整体安全指标逐年提升。2019年，WANO对全球满足计算条件的400台机组综合指数进行计算排名，结果有65台机组获得100分，并列综合指数排名第一，其中我国有23台获得满分（满足计算条件的44台机组参加排名）。

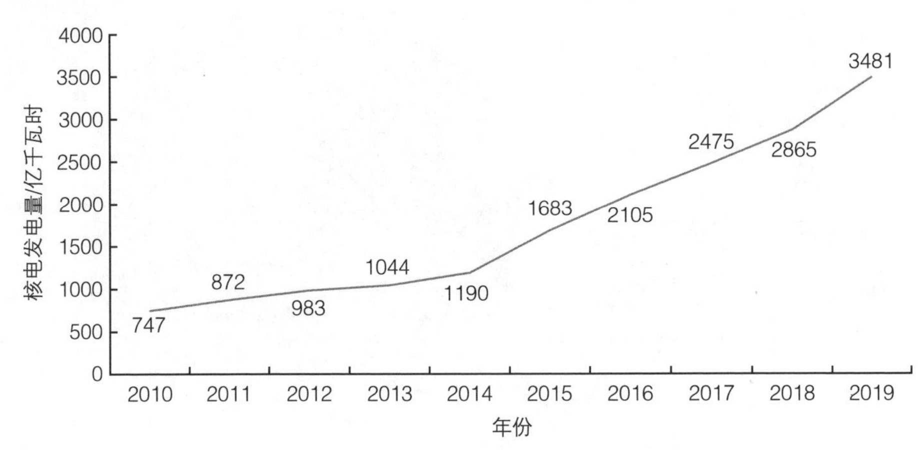

图3-4　2010—2019年我国核电发电量变化情况

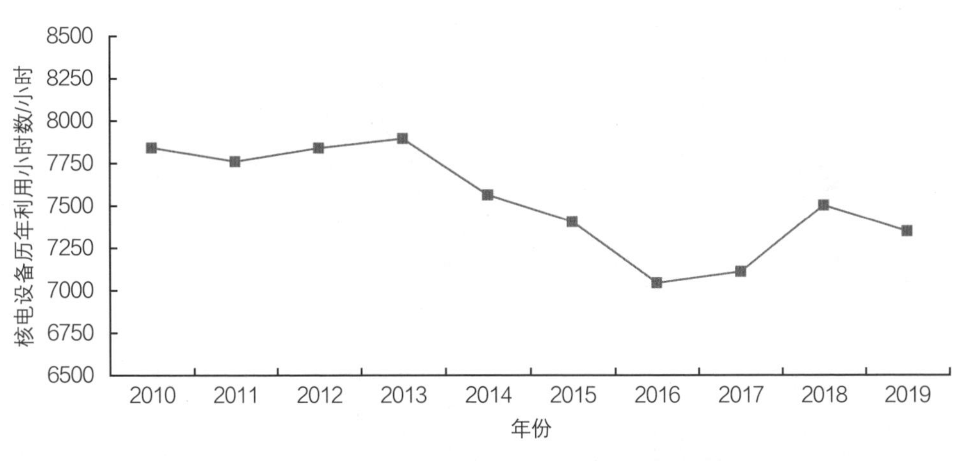

图3-5 2010—2019年核电厂发电设备利用小时数

二、核电工程建设

截至 2019 年年底，我国在建核电机组共 13 台，总装机容量 1387 万千瓦，在建规模继续保持世界第一。采用三代核电技术的机组数量达到 7 台，已占国内在建机组数量的一半以上。我国在建核电机组机型分布情况见图 3-6 所示。

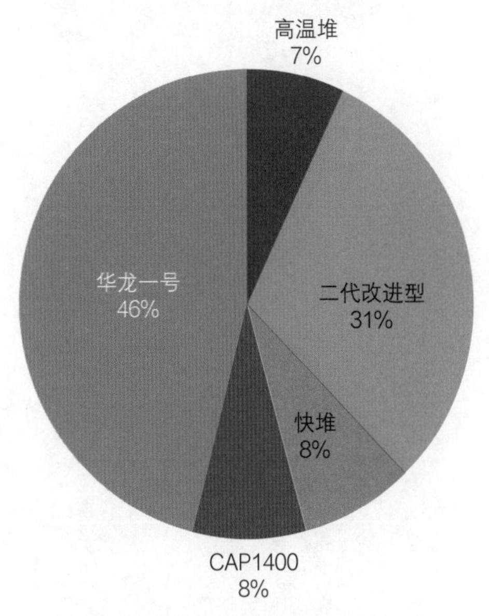

图3-6 我国在建机组机型分布情况

经过 30 余年不间断发展，我国核电工程管理自主化能力和总承包建造能力持续提升，成功地实现了多项目、多基地同步建设。核电建设安装队伍全面掌握了压水堆、重水堆、高温气冷堆、快堆等多种堆型，30 万、60 万、100 万千瓦等多种容量的核电建造技术，形成了核电站建造的专有技术体系和知识产权，可以具备同时开工 30 台以上核电机组的建设能力，能够满足我国核电安全高效发展要求。

由于 2010 年开工高峰期项目陆续建成

投运，以及近期新开工项目较少的原因，2019 年共完成核电工程建设投资 335 亿元，为最近 10 年来最低值（图 3-7）。

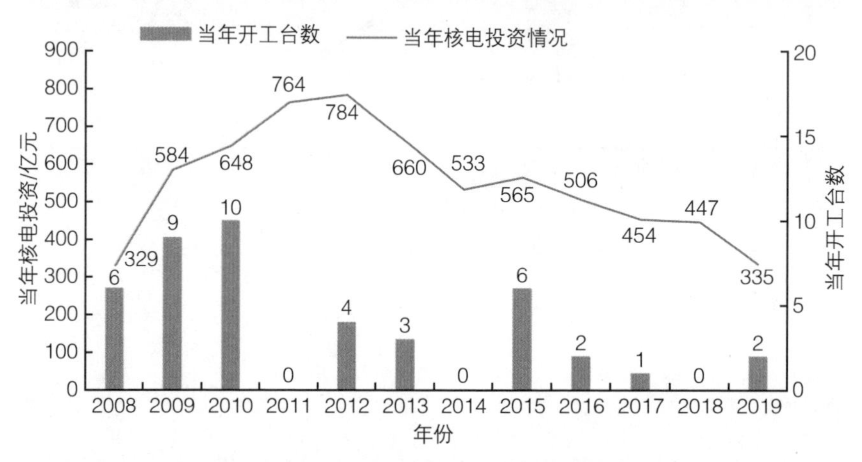

图3-7　2008—2019年核电年度开工与投资情况

各在建核电项目稳步推进，安全、质量、环境保护等方面均得到有效控制。采用二代改进技术建设的核电项目进展顺利，项目工期全部能够控制在 60 个月以内。AP1000 和 EPR 全球首堆已于 2018 年相继建成投产。华龙一号（HPR1000）6 台机组建设正在福建省福清（5、6 号）、广西壮族自治区防城港（3、4 号）、福建漳州 1 号和广东太平岭 1 号顺利推进。福清 5 号机组目前处于调试阶段，6 号机组目前处于安装阶段，工程进度符合计划整体要求。防城港二期设计工作已退出关键路径，3 号机组进入安装阶段，4 号机组各厂房土建施工正在按计划开展。采用 EPR 技术的台山核电项目工程建设稳步推进，台山核电 1 号机组已完成热态功能试验，具备装料条件，处于同类机组的首堆位置，2 号机组处于设备安装阶段。石岛湾高温气冷堆示范工程已完成了 9 个一级里程碑节点，由土建全面转入安装和系统调试阶段。2017 年 12 月 29 日，福建霞浦快堆示范工程土建开工，单机容量为 60 万千瓦，对于实现核燃料闭式循环，促进我国核能可持续发展具有重要意义。

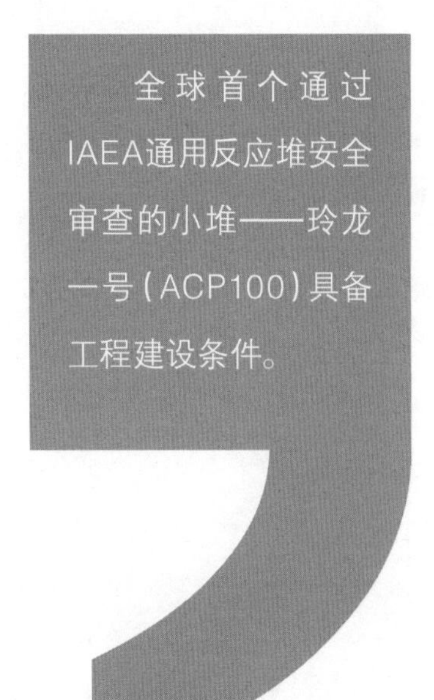

三、天然铀

1 地质勘查

我国铀矿地质勘查工作始于 1955 年，已探明 360 余个铀矿床，为我国国防建设和核电发展奠定了资源基础。21 世纪以来，我国铀矿找矿重点逐渐转向砂岩型铀矿，在北方盆地取得重要突破，实现了资源储量的翻一番。新疆维吾尔自治区的伊犁和吐哈盆地地浸砂岩型铀矿已经发展成为万吨级铀矿资源基地；内蒙古自治区鄂尔多斯、二连浩特等盆地砂岩型铀矿找矿取得重大突破，新探明纳岭沟、大营特大型和巴彦乌拉大型铀矿床，新发现巴音青格力、罕台庙、哈达图等铀矿产地，使鄂尔多斯盆地东北部成为我国首个十万吨级铀矿资源基地。2017 年，松辽盆地西南部取得砂岩型铀矿找矿新突破，初步控制了一条砂岩铀矿带，总体长度超过 10 千米，为加快建设与国际接轨的千吨级绿色铀矿山奠定了扎实基础。

截至 2019 年年底，我国已查明的铀矿资源分布于新疆、内蒙古和江西等 23 个省（自治区），已经落实了数个万吨至 10 万吨级铀矿资源基地。我国铀矿资源类型众多，其中，砂岩型、花岗岩型、火山岩型和碳硅泥岩型（四大类型）铀矿占了全国铀矿资源总量的94%，其他类型铀矿仅占6%（图3-8）。已探明的32个大型及以上规模的铀矿床的资源量占全国已查明铀矿资源量的近60%（图3-9）。

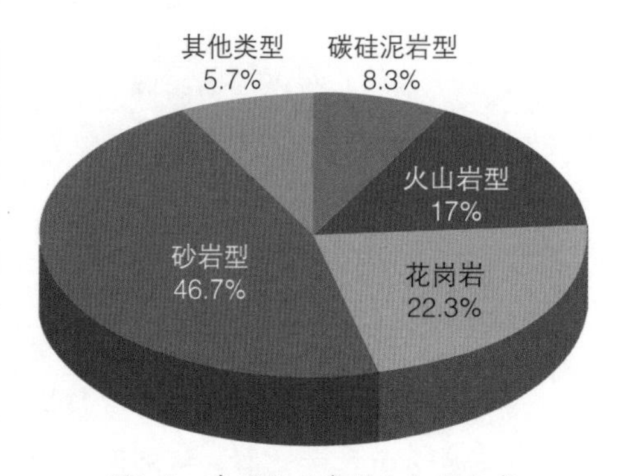

图3-8 我国铀矿类型和比例分布

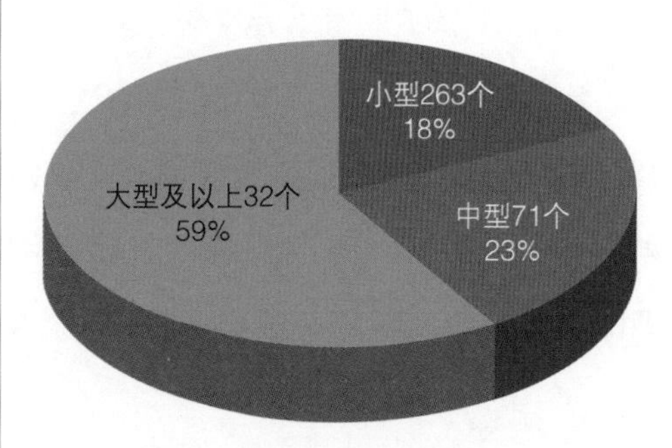

图3-9 我国铀矿床规模个数及占比

2 天然铀生产

我国积极推进天然铀大基地建设战略，推进铀资源开发绿色、集约、高效发展，在掌握酸法地浸采铀工艺的基础上，成功开发出我国第三代采铀技术——CO_2+O_2绿色地浸采铀技术，并实现规模化工程应用，成为继美国之后第二个掌握该技术的国家。近5年来，我国首个规模化、现代化千吨级绿色铀矿山在新疆维吾尔自治区伊犁地区全面建成，内蒙古自治区2个千吨级大基地建设取得突破性进展，绿色经济的地浸砂岩产能所占比例提升到60%以上，加快了国内铀矿开发与国际全面接轨的步伐。随着新疆维吾尔自治区蒙其古尔一期、二期，内蒙古自治区巴彦乌拉、纳岭沟、钱家店扩建等北方地区地浸“五大工程”建设的全面建成，基本形成了以北方绿色地浸砂岩矿山为主体、南方硬岩矿山为补充的产业发展格局，国内铀矿供应能力逐渐优化提升。

四、核燃料加工产业

核燃料加工产业包括铀纯化转化、铀浓缩、核燃料元件等环节。经过 60 多年发展，我国核燃料加工产业发展水平不断提升，攻克了单线 3000 吨铀 / 年铀纯化铀转化一体化生产线关键技术，成为了世界上只有少数国家拥有的商业离心浓缩铀生产能力的国家。近年来，我国单线 3000 吨铀 / 年铀纯化铀转化生产线全线建成，成为具备万吨级铀转化能力的国家，新一代铀浓缩专用设备实现工程化运行，技术水平及产能再上一个台阶。

核燃料元件制造能力完全满足我国核电生产需要。我国秦山一期核电站于 1991 年 12 月并网发电，采用我国自主研发的 15×15 燃料组件，并成功出口应用于巴基斯坦恰希玛Ⅰ、Ⅱ期核电站。针对引进的核电技术，如大亚湾的 M310 核电技术、俄罗斯的 VVER1000 核电技术、加拿大的 CANDU-6 核电技术及 AP1000 核电技术，我国先后实现了相应核燃料加工技术的引进消化与吸收，实现制造国产化，产品质量优良、性能可靠。我国核燃料元件的制造能力经过多年的建设，形成国内多个核燃料制造基地，现有核燃料元件加工能力可以满足国内压水堆、重水堆、高温气冷堆等在运在建机组需求（我国核燃料生产能力如表 3-1 所示）。其中，南方核燃料制造基地为中核建中核燃料元件有限公司，分别具有 AFA-3G 和 VVER 压水堆核燃料组件制造能力；北方核燃料制造基地为中核北方核燃料元件有限公司，具有约 200 吨 / 年 CANDU-6 型铀燃料棒束制造能力、AFA3G 燃料组件制造能力以及 AP1000 燃料组件的制造加工能力，并预留了一定生产能力的扩充接口。2017 年 1 月，202 厂 AP1000 燃料组件的加工生产线获得美国西屋公司颁发的 AP1000 核燃料元件生产线合格性鉴定证书，具备正式生产 AP1000 燃料组件的能力。中广核集团在哈萨克斯坦通过合资方式建设 200 吨 / 年的 AFA3G 压水堆核燃料组件生产线，计划最早于 2021 年投入运行。高温气冷堆元件方面，2017 年 7 月 17 日，全球首条工业规模高温气冷堆燃料元件生产线第 20 万个球形燃料元件在 202 厂成功下线，标志着我国已经具备高温气冷堆元件供应能力。今后，为了满足新增核电站燃料需求，优化核燃料加工能力布局，我国将在提升现有南北两个核燃料制造基地水平的基础上，积极推进“一站式”核燃料加工产业园建设。

表 3-1　我国核燃料元件主要生产能力分布

组件类型		中核建中核燃料元件有限公司	中核北方核燃料元件有限公司
压水堆	AFA3G 组件 /（吨 / 年）	800	200
	AP1000 组件 /（吨 / 年）	—	400
	VVER 组件 /（吨 / 年）	50	0
重水堆	CANDU-6/（吨 / 年）	—	200
高温气冷堆 /（个球 / 年）		—	30万

正在形成自主品牌高性能压水堆核燃料。秦山一期核电站核燃料（CF1）实现了我国自主核燃料供应的起步，近年来，国内相关集团加大开发力度，自主品牌高性能压水堆燃料元件取得重大进展。其中，中国核工业集团自主研制的 CF2 核燃料组件完成了全部试验，具备工业化供应条件；自主研制的先进核燃料元件 CF3，性能与法国主流的 AFA-3G 技术性能相当，完成三循环辐照考验，结果符合预期；20 组燃料组件已经装入商用核电站，更先进的 CF4 燃料组件已经启动研发。由中国广核集团自主研发设计的 STEP-12 核燃料组件和 CZ 锆合金样品管组件，第一循环辐照考验和池边检查完成，各项性能指标满足设计预期；STEP-12B 系列自主化燃料组件入堆考验的申请获批。我国积极开展环形元件以及耐事故元件（ATF）等前沿核燃料元件研发。国内相关单位已经编制出具有自主知识产权的 ATF 性能分析软件，完成 SiC 包壳管试样加工，使得 ATF 燃料正从概念、材料研究转向工程示范研究阶段。快堆元件方面，500 千克 MOX 试验线完成芯块生产线建设，并积极开展示范快堆 MOX 燃料组件生产线建设。此外，我国积极开展小堆、浮动式核电站及微堆等堆型燃料元件研发和跟踪探索，部分燃料研发取得重要成果。

五、核环保

乏燃料贮存能力持续提升。压水堆乏燃料离堆贮存能力方面，我国一方面通过建设后处理厂配套项目，不断提升湿法贮存能力；另一方面建设干法贮存设施。我国已经建成并运行着乏燃料后处理中试厂配套水池及其扩建水池，贮存能力分别为 500 吨重金属、800 吨重金属；后处理示范工程配套水池正在建设，贮存能力为 1200 吨重金属；在大亚湾核电厂和田湾核电厂内正在建设干法贮存设施，贮存能力分别为 400 吨重金属、150 吨重金属。另外，秦山三期重水堆核电厂在投运不久就建设了配套的干法贮存设施，可以满足全寿期乏燃料贮存需求。

乏燃料公 – 海 – 铁联运体系建设加快推进。为适应今后乏燃料运输需求的增长，我国一方面提升现有乏燃料公路运输能力，另一方面着力构建乏燃料公路 – 海运 – 铁路联运体系。当前，国家政府部门联合有关各方加快推动公 – 海 – 铁联运体系能力建设。

放射性废物处置能力不断形成。自 1991 年核电站低、中放废物近地表处置场选址工作实施以来，迄今建成并运行着甘肃省西北处置场、广东省北龙处置场、四川省飞凤山处置场三座处置场，处置场基本情况如表 3-2 所示。在高放废物处置方面，我国从 1985 年启动处置库选址工作，开展了华南、华东、西南以及甘肃省（北山）、内蒙古自治区和新疆维吾尔自治区等六大预选区的综合比选。目前，我国在甘肃省北山已完成近 40 个深钻孔的勘察和现场试验工作，系统获得了场址地质、水文地质、地球化学和工程地质资料，建立了高放废物处置地学信息库系统。

乏燃料后处理产业发展政策明确。我国坚持核燃料闭式燃料循环政策。乏燃料后处理中试厂于 2010 年实现热调试成功后，于 2016 年启动了继续热调试工作。中试厂突破了铀钚分离、锝对铀 / 钚分离干扰、氚的高效去除和镎的走向控制等多项关键技术。攻克了一批关键设备的设计、制造技术，如立式送料剪切机、批式溶解器、沉降离心机、折流板等。自主研制和完全国产化的非接触式测量仪表和 DCS 系统，以及自主研制的收发器、换向器、启盖器等气送样系统的运行可靠。以中试厂为科研实验平台，我国启动后处理示范工程建设。此外，积极推进中法合作建设的 800 吨大型商用后处理厂。

表 3–2 我国低、中放废物处置场情况

名　称	西北处置场	北龙处置场	飞凤山处置场
持证单位	中核清原环境技术工程有限责任公司	广东大亚湾核电环保有限公司	中核清原环境技术工程有限责任公司
规划设计容量	200000 米^3	80000 米^3	180000 米^3
已建成容量	20000 米^3	8800 米^3	40000 米^3

注：数据截至 2017 年 12 月 31 日。

第二节 我国核电规模预测

一、能源需求预测

关于我国能源需求情况，国内外很多机构（如中国社会科学院、国务院发展研究中心、中国工程院、国际能源署）做了预测。概括起来看，2020 年我国一次能源消费总量将增长到 45 亿 ~50 亿吨标煤，2030 年后一次能源消费的增速可能趋缓，到 2030 年和 2049 年左右一次能源消费总量将分别达到 55 亿 ~60 亿吨标煤和 65 亿 ~70 亿吨标煤。2020 年、2030 年、2049 年我国电力装机容量可能分别达到 15 亿 ~18 亿千瓦、19 亿 ~24 亿千瓦、25 亿 ~32 亿千瓦，发电量将可能分别增长到 6 万亿 ~8 万亿千瓦时、8 万亿 ~11 万亿千瓦时、11 万亿 ~13 万亿千瓦时。

若预测 2049 年我国能源需求总量达 67 亿吨左右，则能源需求总量是 2010 年水平的 2 倍；电力需求总量达 13 万亿千瓦时，是 2010 年水平的 3 倍；人均 9000 千瓦时，相当于韩国当前水平（图 3–10）。

从能源供给方面看，我国是煤炭资源储量相对丰富，石油、天然气均为短缺资源。我国煤炭资源总储量居世界第三位，但由于很多地方地质条件复杂，开采困难，储量中的很大比例无法开采，使得真正可采的煤炭减少，煤炭资源现状并不乐观。根据中国工程院 2011 年关于中长期能源发展战略的研究结果，2020—2049 年国内煤炭可供量在 30 亿 ~35 亿吨、石油 2 亿吨左右、常规天然气 2500 亿米^{3}左右，2030 年以后以煤层气、页岩气为主的非常规天然气有望达到 500 亿米^{3}以上。2020 年、2030 年、2049 年天然气进口量可能分别达到 1000 亿、1500 亿、

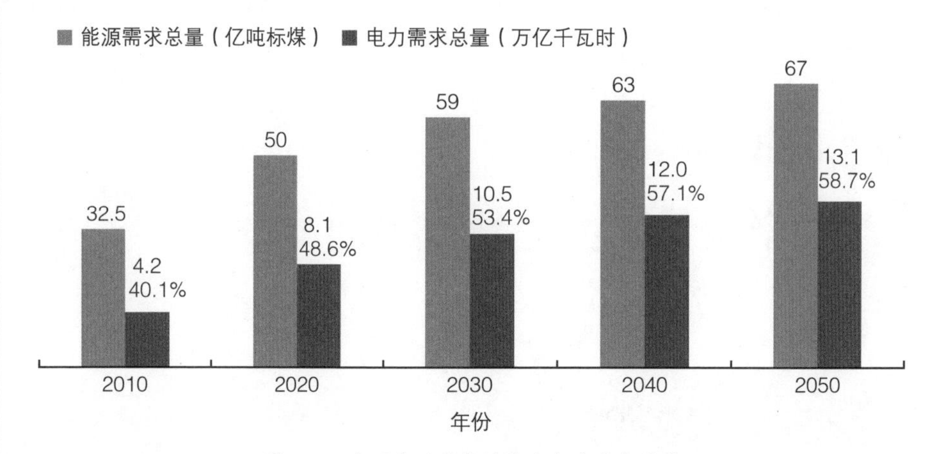

图3-10　我国能源需求总量和电力需求总量

2500亿米^3，石油进口量需要在3亿~5亿吨。因此，2020—2049年国内化石能源的供应量在28亿~32亿吨标煤，加上进口，2020年可达到33亿~37亿吨标煤，2030—2049年可达到37亿~41亿吨标煤。因此不论是从环境保护、减少二氧化碳排放方面，还是从化石能源供应能力方面，都需要发展新能源与可再生能源。

根据国内相关研究结果，我国水电的技术可开发量约5.1亿千瓦，年可提供电量2万亿千瓦时左右，折合约8亿吨标煤。2020年、2030年、2049年水电装机可分别达到3.5亿、4亿、5亿千瓦，可提供分别相当于5.5亿、6.2亿、7亿吨标煤左右的能源。

风能资源陆上可开发面积约20万千米^2，装机容量6亿~10亿千瓦，在水深不超过20米处的近海10%~20%的面积可利用，装机容量1亿~2亿千瓦，风能总资源量7亿~12亿千瓦，年发电量可达到1.4万亿~2.4万亿千瓦时，折合5亿~8亿吨标煤。2020年、2030年、2049年风电装机可分别达到1.8亿、4亿~4.5亿、5.5亿~7.5亿千瓦，可提供分别相当于1.5亿、2.7亿~3亿、3.5亿~4亿吨标煤的能源。

理论太阳能发电装机可达22亿千瓦，年发电量2.9万亿千瓦时，加上太阳

能热利用，太阳能利用量共可折合 11 亿 ~14 亿吨标煤。2020 年、2030 年、2049 年太阳能发电装机可分别达到 0.8 亿、3 亿 ~3.5 亿、6 亿 ~8 亿千瓦，考虑太阳能热利用，共可提供分别相当于 1 亿、2 亿 ~2.5 亿、4 亿 ~5 亿吨标煤的能源。

当前，可利用生物质能 2.9 亿吨标煤。通过不断增加废弃生物质资源的利用以及增加现有农林业产能和开发利用边际土地，生物质能资源可进一步增大到 2020 年、2030 年、2049 年的 1 亿、2 亿、3 亿吨标煤左右。

综上所述，2020 年、2030 年、2049 年水电、风电、太阳能、生物质能可分别提供 7 亿、10 亿 ~11 亿、18 亿 ~19 亿吨标煤的能源，分别存在 1 亿 ~10 亿、3 亿 ~13 亿、5 亿 ~15 亿吨标煤的可能的能源需求缺口（表 3–3）。

表 3–3 未来能源需求与供应

项 目	2020 年	2030 年	2049 年
一次能源需求 /（亿吨标煤）	45~50	55~60	65~70
国内化石能源可供量 /（亿吨标煤）	28~32	28~32	28~32
化石能源进口量 /（亿吨标煤）	5	9	9
可再生能源可供量 /（亿吨标煤）	7	10~11	18~19
可能的能源需求缺口 /（亿吨标煤）	1~10	3~13	5~15

二、核电规模预测

> 实现能源结构多元化、降低对单一能源品种的依赖，是全球各国共同的能源战略选择。作为一种清洁能源，核能在美国“能源独立”过程中发挥了重要作用。

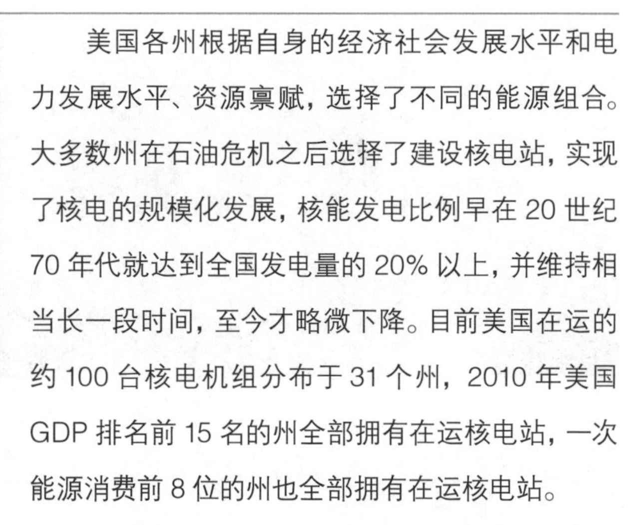

美国各州根据自身的经济社会发展水平和电力发展水平、资源禀赋，选择了不同的能源组合。大多数州在石油危机之后选择了建设核电站，实现了核电的规模化发展，核能发电比例早在20世纪70年代就达到全国发电量的20%以上，并维持相当长一段时间，至今才略微下降。目前美国在运的约100台核电机组分布于31个州，2010年美国GDP排名前15名的州全部拥有在运核电站，一次能源消费前8位的州也全部拥有在运核电站。

而目前在我国，虽然核电在建装机规模位居世界第一，但核能装机规模和发电量占比相对较低，核能发电比例还远低于美国等发达国家，甚至远低于世界平均水平，核电布局也仅在沿海省份，内陆核电正在研究论证阶段。由于受煤炭生产能力及环境等因素制约，根据机构预测，我国煤电装机规模在10亿~12亿千瓦较为合适，考虑其余电力缺口由清洁能源发电补齐，发展核电是解决我国能源基本问题、保障能源安全的有效措施。

核电作为除火电外另一种主力基荷电源，是确保我国能源安全、结构优化的重要战略选择。考虑我国能源需求、单位GDP能耗、人均能耗、产业结构等因素，初步估计2035年、2049年我国核电发展规模如下（表3-4）。

表 3-4 核电在未来能源供应中的要发挥的作用

项 目	2035 年	2049 年
核电供应量 /（亿吨标煤）	4.5~5.5	10~12.5
电力装机容量 /（亿千瓦）	19~24	25~32
核电装机容量 /（亿千瓦）	1.4~2.2	4~5
核电装机占总装机比重	8%~9%	12%~16%

2020 年，根据我国核电“十三五”规划，核电总装机容量可望达到 8800 万千瓦。

2035 年，核电总装机容量可望达到 1.4 亿 ~2.1 亿千瓦（建成 1.4 亿千瓦和在建 0.7 亿千瓦左右），年发电量 1.4 亿 ~1.5 亿千瓦时，提供 4.5 亿 ~5.5 亿吨标煤的能源。届时核电装机占电力总装机的 8%~9%，核电发电量占总发电量的 13%~15%，提供相当于 8% 以上的一次能源。

2049 年，核电总装机容量可望达到 4 亿 ~5 亿千瓦，年发电量 2.8 亿 ~3.5 亿千瓦时，提供 10 亿 ~12.5 亿吨标煤的能源。届时核电装机占电力总装机的 16%~20%，核电发电量占总发电量的 15%~24%，提供相当于 12% 以上的一次能源。

按照上述估计，我国到 2020 年、2035 年、2049 年核电装机容量分别达到 8800 万千瓦左右、1.4 亿 ~2.1 亿千瓦和 4 亿 ~5 亿千瓦的需求和目标，核电将在较大程度上有效支撑我国未来能源需求。

第四章 世界核电技术及其创新趋势

>>>

第一节 大型压水堆

一、世界概况

1 美国 AP1000

AP1000 是美国西屋公司在 AP600 基础上开发的三代先进压水堆，最鲜明的特点是采用非能动安全系统。AP1000 主要的技术特点包括：主要安全系统如余热排出系统、安注系统、安全壳冷却系统等均采用非能动设计，不依赖交流电源即可长期保持核电站安全，并且大幅减少了设备和部件的数量；采用严重事故预防与缓解措施，采用熔融物堆内滞留（IVR）技术防止堆芯熔融物熔穿压力容器与混凝土底板发生反应，设置了自动卸压系统避免发生高压熔堆事故，在安全壳内布置氢点火器和非能动氢复合器避免氢气燃烧和爆炸的危险；建造中采用模块化建造技术，整个电站分为结构模块、管道模块、机械设备模块和电气设备模块。

2 法国 EPR

EPR 是阿海珐集团在法国 N4 和德国 Konvoi 机组基础上通过渐进式的技术改进而形成的先进压水堆，充分吸收了现役压水堆的运行经验反馈，保持了技术的连续性。EPR 的主要设计特点包括：四环路压水堆结构，电功率超过 1600 兆瓦；

通过设计简单化、功能多样化和冗余系统确保安全功能，安全系统设置4重冗余，分别对应一个环路，并实现了完全的实体隔离；采用了严重事故预防与缓解措施，包括完善的安全壳底板保护，将堆芯熔融物保留在展开的区域内并采用非能动方式冷却，设置针对严重事故工况的卸压装置，采用大容积双层安全壳，布置多台氢气复合器，设置外部循环的安全壳喷淋系统排出安全壳热量；通过安全壳和实体隔离的方式承受大型商用飞机的撞击。

3 俄罗斯VVER

VVER是俄罗斯国家原子能公司（ROSATOM）开发的系列压水堆。百万千瓦级的VVER-1000是四环路压水堆核电厂，包括很多子型号，其中比较有代表性的是V-320，统一了VVER-1000系列的设计标准。后续在V-320的基础上发展起来了V392、V428、V412和V466。其中，V428和V412又分别被称为AES-91和AES-92，两者都保持了VVER-1000的基本型式，设置了堆芯捕集器，能承受飞机撞击。V428的抗地震能力更强，V412较多采用了非能动的安全系统。俄罗斯在VVER-1000的基础上通过改进、挖潜和标准化，开发了VVER-1200。子型号V392M和V491分别从V412和V428发展而来。VVER-1200又称为AES-

2006，被俄罗斯政府确定为今后核电发展的主力机型。在 V392M 和 V491 基础上进一步发展的设计包括 VVER-1200A/V501 和 VVER-1300/V510。

AES-2006 具有部分传统技术特征，包括：采用卧式蒸汽发生器，优点在于相比立式蒸汽发生器具有更大的水装量和更好的一次侧自然循环条件；采用能动和非能动相结合的应急堆芯冷却系统；采用双层混凝土安全壳；设置一回路和二回路超压保护系统、应急气体排出系统；采取严重事故预防和缓解措施，比如堆芯捕集器和安全壳消氢系统等。V392M 和 V491 的差异主要是：V491 采用了非能动系统导出安全壳热量和通过蒸汽发生器导出堆芯余热；V392M 采用非能动堆芯淹没系统，V491 采用能动的高压应急注入系统；V491 采用 4 个系列的能动安全系统，V392M 采用 2 个系列的能动安全系统；此外，在应对超设计基准事故的系统、仪控系统、给水系统、主控室布置和全厂布置方面也存在差异。

4 韩国 APR1400

韩国电力公司（KEPCO）基于 ABB/CE（美国燃烧工程公司）设计，通过渐进式的技术改进开发了先进压水堆 APR1400。APR1400 采用双环路配置，增大主设备尺寸以实现接近 4000 兆瓦的反应堆热功率，主要技术特点包括：安注系统通过简化和冗余实现更高的可靠性和更好的性能，设置了 4 个独立序列，都采用压力容器直接注入（DVI）方式；安注箱设置射流装置，取代低压安注的功能；安全壳喷淋系统与停堆冷却系统相互连接，两个系统的泵可以互相备用；采用单层混凝土安全壳，增大了自由容积；为加强严重事故的预防和缓解能力，设置了消氢系统、大的反应堆堆腔和堆芯熔融物隔间、实现堆外冷却（EVC）的堆腔淹没系统、实现堆内滞留（IVR）的反应堆压力容器外部冷却系统、安全卸压和排放系统、应急安全壳喷淋后备系统等。

5 日法合作 Atmea-1

2007 年，日本三菱重工和法国阿海珐合资成立 Atmea 公司，研发百万千瓦级三环路先进压水堆 Atmea-1。Atmea-1 主要技术特点包括：安全系统分成三个序列，实现严格的实体隔离；重要厂用水系统、设备冷却水系统和应急电源系统均有一个备用，可作为其他系列检修时的备用，也提供了多样化手段以应对超设计基准事故；安注系统采用中压安注泵和先进安注箱；采用单层混凝土安全壳；为了应对严重事故，设置专门的严重事故热量导出系统以有效地控制安全壳内的温度和压力，设置氢气复合器和堆芯捕集器，堆芯熔融物的扩散区域覆盖有保护材料，并有冷却系统保护底板，通过高可靠性的余热导出系统辅以一回路超压保护，防止高压熔堆。

6 中国华龙一号

基于现有压水堆核电厂成熟技术的渐进式设计，具备包括 177 堆芯、CF3 先进燃料组件、能动与非能动安全系统、全面的严重事故预防与缓解措施、强化的外部事件防护能力和改进的应急响应能力在内的先进设计特征。华龙一号的设计全面平衡地贯彻了核安全纵深防御设计原则、设计可靠性原则和多样化原则，创新地采用能动与非能动相结合的安全设计理念，以能够有效应对动力源丧失事故的非能动安全系统作为经过工程验证、高效、成熟、可靠的能动安全系统的补充，提供了多样化的手段满足安全要求。

华龙一号的研发充分借鉴了多种三代核电技术的先进设计理念和我国现有压水堆核电厂设计、建造、调试、运行的经验，以及近年来核电发展及研究领域的成果和福岛核事故经验反馈；华龙一号满足我国最新核安全法规要求，同时满足国际先进轻水堆核电厂用户要求（URD 和 EUR），满足三代核电技术的总体指标。华龙一号采用经过验证的技术，并充分利用我国目前成熟的装备制造业体系，具有技术成熟性和完全自主的知识产权，满足全面参与国内和国际核电市场的竞争要求。

二、中国选择

（一）华龙一号

1 研发历程

华龙一号（HPR1000）是中核集团和中广核集团立足于中国核电 30 多年的设计、建造和运行经验，自主研发的安全、可靠、经济的先进压水堆核电技术，是在国家领导人的亲切关怀下，经过有关部门的组织协调和华龙技术团队、业内专家历时 5 年的共同努力，在中国核工业集团有限公司和中国广核集团有限公司自主研发堆型基础上融合而成的先进压水堆核电技术。华龙一号发展历程如下（图 4–1）。

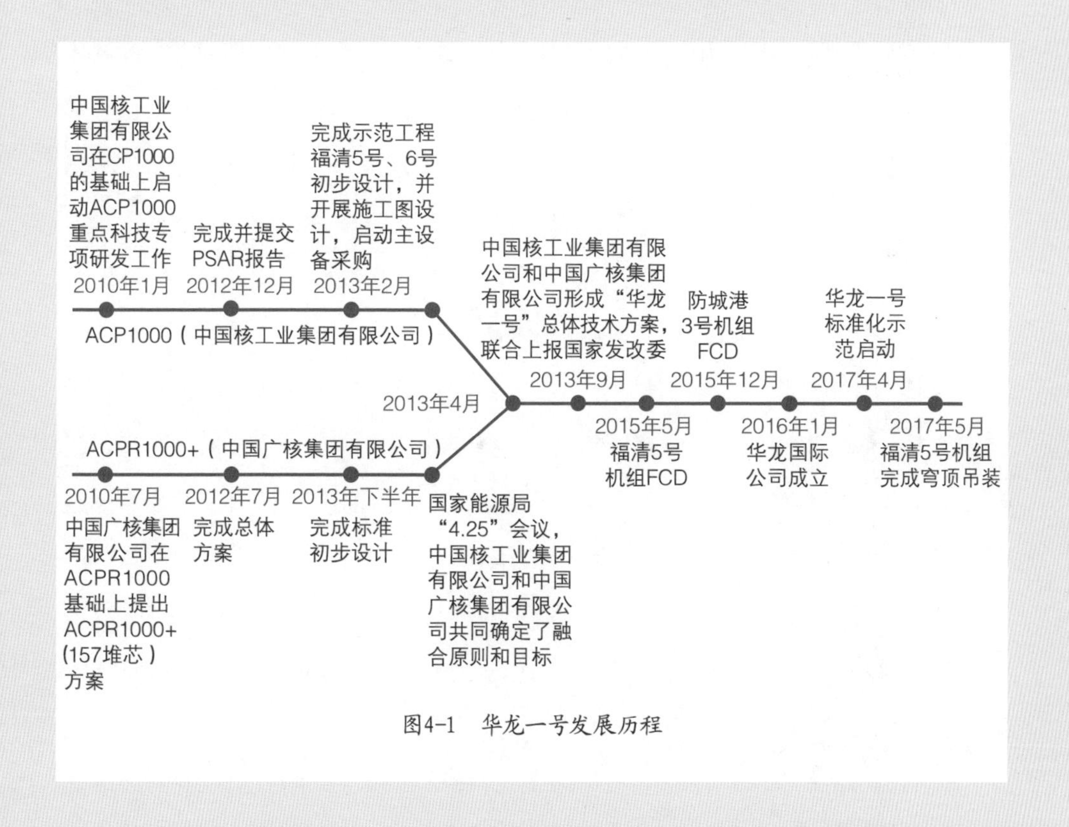

图4-1 华龙一号发展历程

2010年，在前期研发十余年的百万千瓦级压水堆核电CP1000(堆芯采用177组燃料组件)技术方案的基础上，中核启动了ACP1000技术方案研发。同年，中广核在前期的ACPR1000设计基础上，启动了ACPR1000+型号(堆芯采用157组燃料组件)研发。2013年，两家公司分别完成了ACP1000、ACPR1000+型号设计，各自形成了具有完整自主知识产权的三代压水堆核电技术。无论是ACP1000技术还是ACPR1000+技术，都融合借鉴了国际先进三代核电技术的设计理念，充分汲取福岛核事故经验反馈，实施了完善的严重事故预防和缓解措施，确保了自主研发的型号具备与国际主流三代核电技术相当的应对极端严重事故的能力，确保核电厂的抗震等级、热工裕量以及主要技术指标达到或超过国际最高安全标准的要求，满足了福岛核事故后新建核电厂的安全指标要求，具有先进、经济、成熟、可靠的三代核电技术特点。

2013年4月25日，为满足我国核电“走出去”战略和自身发展需要，国家能源局主持召开了自主创新二代核电技术合作协调会，中核和中广核就技术融合事宜达成原则性共识，签署了《自主创新三代核电技术合作协调会会议纪要》，同意在前期两集团分别研发的ACPR1000+和ACP1000的基础上，联合开发华龙一号新堆型(HPR1000)。两家集团就型号设计的主要参数达成了一系列重要共识，签署《关于自主三代百万千瓦核电技术华龙一号技术融合的协议》。2014年8月22日，国家能源局、国家核安全局在北京组织召开自主创新三代压水堆核电技术华龙一号总体技术方案专家评审会。与会专家认为华龙一号技术方案基于我国三十余年核电科研、设计、建设和运行经验，充分借鉴国际三代核电技术先进理念，吸收福岛核事故经验反馈，采用国际最高安全标准，具有完善的严重事故预防与缓解措施，其堆芯损坏频率(CDF)小于10^{-6}/(堆·年)，大量放射性释放频率(LRF)小于10^{-7}/(堆·年)，成熟性、安全性和经济性可满足三代核电技术要求。

2015年12月30日，中核与中广核在北京签订协议，共同投资设立华龙国际核电技术有限公司。根据协议，华龙国际核电技术有限公司将积极实施国家核电发

展战略，致力于持续融合与发展华龙一号自主三代核电技术，在国内外的经营的深度融合工作统一管理，并实施华龙技术、品牌、知识产权等相关资产。华龙国际核电技术有限公司成立后，进一步与两家集团合作，共同推动华龙一号设计的进一步融合和优化，实现了技术和品牌的统一。融合后的华龙一号统一采用 177 堆芯和能动加非能动的技术；统一了主参数、主系统和技术标准；统一了主要设备技术要求；充分考虑市场需要，安全系统采用菜单式选项；融合后的华龙一号实现了技术和品牌的统一，得到了出口目标国的认可，能够满足国际与国内的市场需要。2017 年 6 月，国家能源局组织召开了华龙一号专家评审会，与会专家一致认可华龙一号技术融合成果，并给予高度评价。目前，该融合方案已得到国家能源局批复。

2 融合后华龙一号的主要创新点

华龙一号从顶层设计开始，遵循设计逻辑开展技术方案的论证评价，通过对电厂功能要求的分解来确定构筑物、系统和设备的功能要求，系统性地提升了型号的安全性、可靠性，运行灵活性，保证了技术方案的均衡性，有效避免了在二代压水堆的基础上进行“补丁式改进”的“先天不足”。

（1）反应堆堆芯

177盒先进燃料组件；低线功率密度，提高热工裕量；18个月换料；低泄漏燃料装载方案。

（2）自主先进燃料组件

17×17排列；优秀的热工水力性能；先进的锆合金包壳；优秀的抗弯曲能力；可更换的管座以便于维修和检查；优秀的防异物能力。

（3）反应堆压力容器

60 年设计寿命；取消了压力容器下封头贯穿件，提高了下封头的可靠性。

（4）能动加非能动设计

采用了能动的中、低压安注系统和非能动安注箱注入系统，在失水事故时向堆芯提供应急冷却。采用了能动的辅助给水系统和非能动的二次侧余热排出系统，从蒸汽发生器的二次侧导出堆芯余热。采用了能动堆腔注水冷却系统和非能动堆腔注水冷却系统等堆腔淹没和冷却技术，冷却压力容器下封头、保持其完整性，实现堆芯熔融物滞留。采用了能动安全壳喷淋系统和非能动安全壳热量导出系统，实现了事故情况下安全壳热量排出，降低安全壳内的温度和压力；通过双层安全壳设计以及布置非能动氢复合器、氢点火器，安全壳热量导出系统和安全壳卸压过滤排放系统、一回路快速卸压系统、全厂失电（SBO）电源及移动电源配置等多方案实现了研发设计上追求安全性和经济性的平衡。在安全性方面，华龙一号从顶层设计出发，采取了切实有效的提高安全性的措施，满足中国政府对“十三五”及以后新建核电机组“从设计上实际消除大量放射性物质释放的可能性”的 2020 年远景目标，完全具备应对类似福岛核事故极端工况的能力，设计概率安全指标比传统压水堆提高 1 个量级。在经济性方面，华龙一号采取了长周期换料（18 个月换料），设计核电厂可利用率高于 90%，有 60 年的电厂设计寿命。此外，经过 30 年发展，我国核电规模和全产业链能力都有了跨越式提升，工程建设、生产运营等领域形成了比较优势，国内装备制造体系和产能已成熟并形成完整配套的能力，初步形成“走出去”的供应链优势，并为华龙一号的经济性提供了保障，降低了风险。与当前国际订单最多的俄罗斯核电技术产品相比，华龙一号已具有竞争力，与 AP1000、EPR 等同等安全水平的先进压水堆机组相比，华龙一号也具有了明显的经济竞争力。

3 融合后华龙一号的设计目标

(1) 研发设计上实现完全的自主知识产权

为打造具有自主知识产权的堆型、消除“走出去”知识产权制约，华龙一号在设计技术、关键设备设计、燃料设计与制造、运行维护技术和专用设计软件等方面进行了自主创新研发，实现了完全自主知识产权。四个示范项目的研发设计已经获得多项专利授权。

(2) 研发设计上追求先进性和成熟性的统一

在先进性方面，华龙一号是中国 30 多年核电自主化创新基础上的集成创新成果，它充分借鉴了国际同行先进的核电设计理念，充分考虑了福岛核事故后国内外同行的经验反馈，全面落实了最新核安全监管要求，在能动安全的基础上采取了有效的非能动安全措施，兼顾了能动的成熟和非能动的优势，采取了完善的严重事故预防和缓解措施，安全重要物项实现了充分的实体隔离，提高了对外部事件的防护能力和应急响应能力，满足最新的核安全法规要求及三代核电用户要求文件的指标要求，是当前核电市场上接受度较高的三代核电机型之一。同时，在成熟性方面，它充分利用我国 30 多年来核电站设计、建设、运营所积累的宝贵经验、技术和人才优势，充分依托业已成熟的我国核电装备制造业体系和能力，采用经验证的成熟技术，采取了长期运行验证的蒸汽供应系统，经过运行验证的成熟的能动安全系统，经过分析验证和实验验证的非能动安全系统成熟的设备制造和施工技术，具有高设计成熟度和高可靠性。中核集团利用其已有设施和补充新建的试验台架开展了系列验证试验。华龙一号设置了堆腔注水冷却系统验证试验、非能动安全壳冷却系统性能综合试验、蒸汽发生器二次侧非能动试验、堆芯熔融物堆内滞留试验、反应堆堆内构件流致振动试验、控制棒驱动线冷态落棒试验、热态寿命考验及抗震试验、反应堆整体水力模拟试验、反应堆旁流试验、反应堆下空腔交混试验、蒸汽发生器验证试验、管板水力学试验、汽水分离装置性能试验、蒸汽发生器传热管束流致振动试验、整体水力学试验等多个试验验证环节，设计方案的安全性得到了试验验证，为华龙一号示范项目顺利开工提供技术验证支撑。

4 融合后华龙一号技术方案简介

核岛总体布局如图 4–2 所示。

图4-2 华龙一号核岛示意

总体设计参数如表 4–1 所示。

表 4–1 华龙一号总体参数

参 数	值
堆芯额定功率	3150 兆瓦
电厂总电功率（毛）	约 1200 兆瓦
净效率	约 36%
运行模式	负荷跟踪
电厂设计寿期	60 年
电厂可利用率	≥ 90%
换料周期	18 个月
安全停堆地震（SSE）	0.3g
堆芯损坏概率（CDF）	$<10^{-6}$/（堆·年）
大量放射性释放概率（LRF）	$<10^{-7}$/（堆·年）
职业照射集体剂量	＜0.6 人·希 /（堆·年）
操纵员不干预时间	0.5 小时

（二）CAP1400

1 CAP1400 重大专项目标

作为国家大型先进压水堆重大专项，CAP1400 总体目标是在 AP1000 技术引进和自主化依托项目建设的基础上，通过国产化 AP1000 自主设计，实现 AP1000 技术的消化、吸收，全面掌握非能动三代核电技术；并在此基础上进一步研发具有我国自主知识产权的大型先进压水堆核电技术，开工建设 CAP1400 示范工程，形成具有国际先进水平的核电技术研发体系、先进核电试验验证体系、关键设备制造技术体系和先进核电标准体系，使我国核电设计、制造、建造和运行技术实现跨越发展。

2 研发历程

CAP1400 是在国家重大专项的支持下，由国家核电技术公司牵头实施，国内 100 多家单位联合开发，依据与美国西屋公司达成的有关协议，在 AP1000 技术引进、消化、吸收基础上，进行集成创新与再创新所形成的具有自主知识产权的大型先进压水堆型号，是国家重大专项自主创新的标志性成果（图 4-3）。

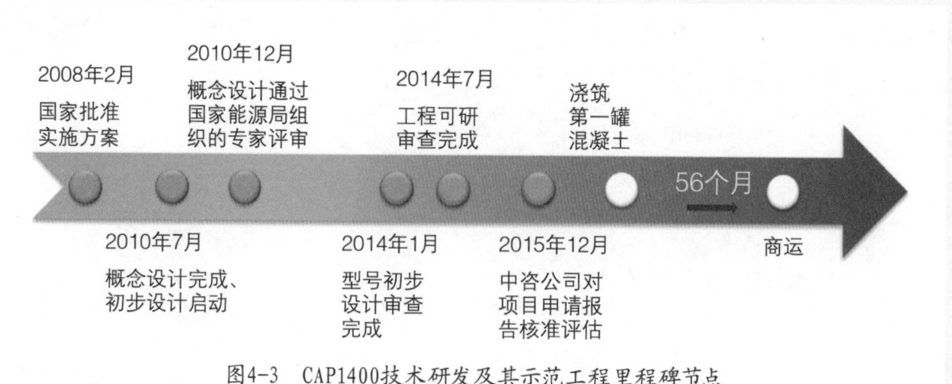

图4-3　CAP1400技术研发及其示范工程里程碑节点

2010 年年底，CAP1400 通过政府主管部门概念设计审查，2011 年完成初步设计。至此，CAP1400 总体技术方案、技术指标和主要参数固化，并得到国家认可。

3 CAP1400 主要创新点

CAP1400 按照最新法规标准要求进行自主设计，进一步提升电厂容量，优化总体参数，平衡电厂设计，重新设计关键设备，提高其经济性。CAP1400 主要创新点如下：

CAP1400 基于电厂容量需求，对主系统和主设备、核岛及常规岛厂房布置等进行重新设计，开展系统性的创新和优化。①堆芯采用 193 盒高性能燃料组件，降低线功率密度，并具备 MOX（铀钚混合）燃料装载能力；②采用自主知识产权的干燥器，提高蒸汽品质；③反应堆冷却剂泵采用国产屏蔽泵（湿绕组泵备用），同时频率采用 50 赫兹，避免变频器长期运行；④优化主系统和辅助系统设计参数，提高整体性能；⑤进一步提升钢制安全壳承压能力和安全裕量，更好地满足设计基准事故下安全壳内质能释放的相关要求；⑥重新设计核岛厂房，确保抗震能力、提升抗震裕度，充分考虑设备维修空间和可达性；⑦自主设计钢板混凝土（SC）结构屏蔽厂房，具备抗大型商用飞机恶意撞击能力；⑧采用基于 FPGA（现场可编程门阵列）技术的反应堆保护系统，增加机组运行可靠性；⑨使用自主开发的国产 1500 兆瓦级大型半速汽轮发电机；⑩根据废物最小化原则以及满足 GB 6249-2011 排放限值要求，放射性废液系统增设絮凝序列，通风系统设置除碘过滤器。

为满足电厂实际消除大量放射性物质的安全目标，增强机组应对极端外部自然事件的能力，CAP1400 采取了一系列自主设计创新措施。①增强核电厂抵御极端洪水的能力：采用“干厂址”设计，厂坪标高高于厂址设计基准洪水位并留有较大裕量；②应急补水与移动电源及相关移动设备：增设 PCCAWST 抗震接口，PCS 循环管线抗震加强；增设移动泵和移动电源加强事故 72 小时后长期冷却；③正常余热排出系统等冷链系统抗震加强，提高冷链可靠性和可用性要求，降低“低水平地震”

后非能动系统触发的频率；④增设自动停堆系统，进一步提升地震事件下电厂的安全性；⑤多样化驱动系统的机柜按照抗震Ⅰ类进行设计或进行整体抗震试验，提升 DAS 系统的抗震能力；⑥一回路低温超压保护设计加强，RNS 增设一台容量相同的安全阀，确保低温超压（LTOP）工况措施的冗余性；⑦对原有从 RNS 到乏燃料池排放管线进行改进，增设高位排气管线，实现安全壳超压排放；⑧对氢点火器与监测仪表进行供电能力增强，抗震加强，并在安全壳内增设 6 台非能动氢复合器（PAR）；⑨在乏燃料厂房增设手动释放面板，进一步消除乏燃料池氢气聚集风险；⑩电厂烟囱辐射监测系统进行冗余设计。

4 CAP1400 技术方案简介

核岛总体布局如图 4-4 所示。

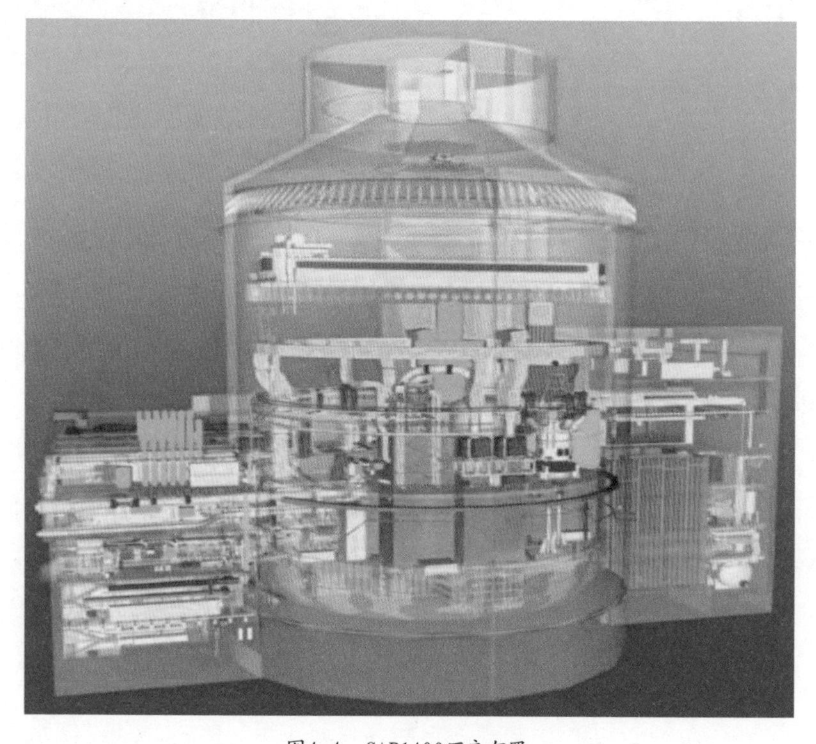

图4-4　CAP1400厂房布置

总体设计参数如表 4-2 所示。

表 4-2 CAP1400 的主要设计参数

参　　数	值
堆芯热功率	4040 兆瓦
额定电功率	约 1500 兆瓦
设计寿期	60 年
换料周期	18 个月
机组可利用率	≥ 93%
堆芯损坏频率	$<1\times10^{-6}$/（堆·年）
大量放射性物质释放至环境的频率	$<1\times10^{-7}$/（堆·年）
职业辐照剂量	<1 人·希 /（堆·年）
燃料组件数量	193
控制棒组件数量	81
活性区高度	4.267 米
平均线功率密度	18 瓦 / 厘米
热工安全裕量	≥ 15%
平均卸料燃耗	≥ 50000 兆瓦天 / 吨铀
堆芯入口温度	280.8℃
堆芯出口温度	325.2℃
反应堆冷却剂系统运行压力	15.5 兆帕
反应堆冷却剂系统热工设计流量	86568 米 ^{3}/ 小时
反应堆冷却剂系统设计压力	17.3 兆帕
反应堆冷却剂系统设计温度	350℃
安全壳设计压力	0.443 兆帕
安全壳自由容积	75000 米 ^{3}

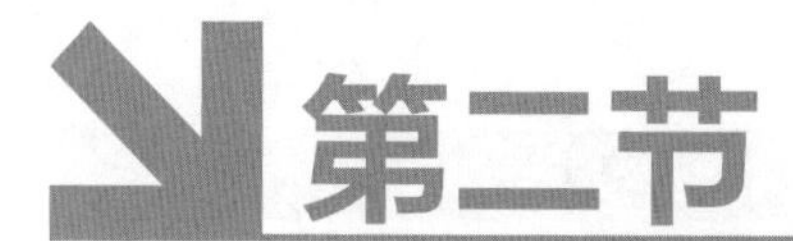

第二节 小型反应堆

一、世界概况

在现有的小堆设计中，最为常见的是轻水堆。

在核蒸汽供应系统的设计方面，大部分的技术都采用了一体化压水堆设计，即将一回路的设备全部集中布置于压力容器内；也有少数几种型号的反应堆选择将蒸汽发生器或蒸汽发生器的一部分（如汽水分离器）放置于压力容器外。此外，随着非能动安全系统成功推广，“非能动”的理念也深入贯彻到了现有的小堆设计中。在经济性方面，轻水堆也以较低的初始投入与较少的投资额受到中等发达国家的青睐（表 4-3）。

1 NuScale

NuScale 是由美国能源公司设计的全自然循环一体化小型压水堆，单个模块热功率 160 兆瓦，电功率 45 兆瓦，用户可以根据需要灵活调整，同时各个反应堆模块之间相互隔离，不同反应堆模块可以有不同的用途，如部分用来发电或部分用来提供过热蒸汽。由于采用了模块化设计，小堆在工厂中制造，组装完毕之后通过铁路、驳船运送到厂址，能够缩短建造时间。小堆一回路没有冷却剂泵，通过堆芯和蒸汽发生器之间形成的一回路冷却剂自然循环导出堆芯热量，这样就消除了泵故

表 4-3 正在建设或处于设计阶段的小型轻水堆

序号	名称	国家	设计机构	发电功率（兆瓦）	最新进展
1	KLT-40S	俄罗斯	OKBM	2×35	已经建成
2	ABV	俄罗斯	OKBM	2×8	部分设计已通过审评
3	CAREM	阿根廷	阿根廷国家原子能委员会	27	设计审评中
4	SMART	韩国	韩国原子力研究所	90	设计审评中
5	MRX	日本	日本原子力研究所	30~100	
6	NP-300	法国	Technicatome 公司	100~300	
7	IRIS	多国	西屋牵头，多个国家参与	335	
8	NuScale	美国	Nuscale Power	12×45	详细设计阶段；设计申请评审中
9	mPower	美国	Babcock & Wilcox	N×125	详细设计阶段；设计申请评审中
10	Westinghouse SMR	美国	西屋	225	概念设计阶段
11	VBER-300	俄罗斯	OKBM	1or2×300	详细设计阶段
12	VK-300	俄罗斯	Atomenergoproekt	300	预计 2017—2020 年
13	RITM-200	俄罗斯	OKBM	55	概念设计阶段

障导致的事故，提高了反应堆的安全性。NuScale 的压力容器放置在耐高压的钢制安全壳中，钢制安全壳结构紧凑，运行时整个反应堆模块都浸在水池中。在正常运行时，为了减少反应堆向安全壳的传热，抽出安全壳内部空气。

NuScale 机组可布置 12 个反应堆模块，模块布置于核岛厂房地下反应堆水池。水池可冷却全部的 12 个模块，可在不额外加水的情况下维持反应堆冷却至少 72 小时；即使吃水受热沸腾和不断消耗，仍可保证堆芯冷却 257 天；257 天之后，通过空气冷却，足以保证小于 0.07 兆瓦余热冷却需求。NuScale 核电站换料周期为 2 年，每次换 13 个燃料组件，换料持续时间 10 天。目前 NuScale 已通过美国核监管机构 NRC 的第一阶段密集审批。

2 mPower

mPower 小型堆是美国 B&W 公司筹划开发的一体化压水堆，即堆芯、蒸汽发生器、稳压器均布置在反应堆压力容器中，同样控制棒驱动机构和主泵也内置于压力容器。堆芯热功率 530 兆瓦，发电功率 180 兆瓦，冷却剂在堆芯加热后，通过蒸汽发生器提升段由主泵强迫向上流动，并在整齐发生器关内冷却后向下流回堆芯。二回路水在蒸汽发生器管外流动，被管内的冷却剂加热。mPower 核电机组采用地下布置，即将安全壳、乏燃料水池等安全相关的结构、系统和部件都布置在地下，可有效抵御外部事件，增强安全性。安全壳埋地设计还可有效减少正常运行和事故情况下周围环境的计量水平，降低厂址周围人口密度的要求，因此可适应更多厂址条件。此外，mPower 的安全壳具有较大的容积和容量，在基准事故工况下，可以有效地限制安全壳内压力上升。mPower 核电机组换料周期为 4 年，约为现行标准的 2 倍。核电厂采用整体换料技术，可以减少换料造成的停堆时间，且核电厂寿期内的所有乏燃料均可存储于厂内乏燃料池和干式储罐中。非能动专设安全系统可在无操作员干预的情况下至少提供 72 小时堆芯冷却保护。应急堆芯冷却系统采用了自然循环设计，使得堆芯衰变热可在丧失电源的情况下通过自然循环导出。

3 KLT-40S

KLT-40S 是由俄罗斯 Afrikantov OKBM（阿夫里坎托夫机械工程实验设计局）设计的小型反应堆。KLT-40S 反应堆系统是对其标准核动力破冰船系统（KLT-40）进行设计改进后，尤其在安全系统方面有显著提升的浮动式发电机组。可以通过驳船的方式向没有集中供电的边远地区居民供电和供热，并通过海水淡化系统为干旱地区提供电力和淡水。单个 KLT-40S 模块的热功率为 150 兆瓦，并可以生产 35 兆瓦电力用于供电或进行海水淡化。KLT-40S 换料周期为 3~4 年，具备船上换料能力并设置有乏燃料贮存设施。KLT-40S 的堆芯采用了四环路的强迫循环方式进行冷却，并依靠对流进行应急冷却；在发生紧急事故时，应急冷却则依赖于自然对流进行。燃料是由铀 - 铝合金制成，含有可燃毒物，用锆合金作包壳，采用铀浓缩度为 3.5% 的铀 235。除了可以发电，还可以用于海水淡化。

2016 年 3 月，俄罗斯政府批准原子能公司 2016—2018 年投资计划，打算未来 3 年投资 112 亿卢布（1.44 亿美元）建设小型浮动核电厂（FNPP）及其附属基础设施，整个项目建设经费将达到 374 亿卢布。

4 ABV

ABV 是俄罗斯正在研发的更小型压水堆，具有 45 兆瓦的热功率，10~12 兆瓦电功率。这种堆型是一种很紧凑、具有一体化蒸汽发生器和更高安全性的反应堆，其堆芯与 KLT-40S 相似，但燃料丰度更高，达到 16.5%，平均燃耗为 95000 兆瓦 / 吨，换料周期约为 8 年，服役期约为 50 年。

5 CAREM

阿根廷国家原子能委员会开发的 CAREM（Central Argentina de Elementos Modulares）是采用一体化蒸汽发生器的模块式压水堆，发电功率为 27 兆瓦，其可用于研究堆或海水淡化。

CAREM 的整个一回路冷却剂系统均在其反应堆压力容器内，燃料采用的是带有可燃毒物的浓缩丰度为 3.4% 的燃料，每年换料一次。

6 SMART

韩国 SMART（System-integrated Modular Advanced Reactor）是可用于海

水淡化兼作发电的、堆芯热功率 330 兆瓦的反应堆。这种堆型具有一体化的蒸汽发生器和先进的安全特性，可用于发电（可达到 100 兆瓦）和供热。设计寿命是 60 年，换料周期为 3 年，其原型堆正在建造中。

7 MRX

日本原子能研究所正在开发的 MRX 堆，是一种小型（热功率为 50~300 兆瓦）的一体化压水堆，用于海上推进动力或地区电力供应（30 兆瓦）。整个装置将在工厂建造，它采用常规的 4.3% 丰度 UO_2 燃料，换料周期为 3.5 年。

8 NP-300

法国原子能技术公司开发的 NP-300 型压水堆，用于供热和海水淡化。其目标是建成 100~300 兆瓦的电厂或产量达到 50000 米^3/天的海水淡化的工厂。

9 IRIS

IRIS 是由美国西屋公司牵头，国际上多个国家共同合作开发的三代加的先进小型反应堆。IRIS-50 是一个 50 兆瓦带一体化一回路冷却水系统和对流循环的模块化压水堆。丰度是 5%，带有可燃毒物，换料周期为 5 年。

此外，发电功率达到 335 兆瓦的商用型 IRIS 也正在开发之中。据计算，如果丰度可以达到 10%，则换料周期将达到 8 年，目标燃耗值达到 80000 兆瓦 / 吨铀。

二、中国选择

根据国际原子能机构（IAEA）的定义，小型反应堆通常指电功率在300兆瓦以下的小型核电。

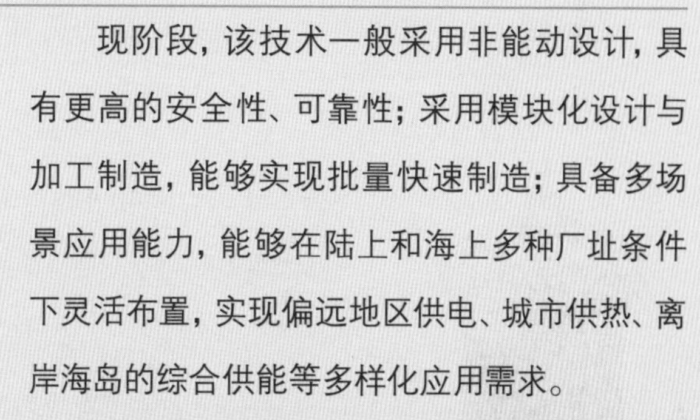

现阶段，该技术一般采用非能动设计，具有更高的安全性、可靠性；采用模块化设计与加工制造，能够实现批量快速制造；具备多场景应用能力，能够在陆上和海上多种厂址条件下灵活布置，实现偏远地区供电、城市供热、离岸海岛的综合供能等多样化应用需求。

鉴于小型堆安全可靠、应用场景灵活，是符合我国能源发展战略的技术选项，我国政府积极支持该技术的开发应用。目前，我国多家核能开发单位在全力推进小型堆研发和工程实施。在陆上小堆方面，中核、中广核和国家电投均在研发多用途小型堆。其中，中核的ACP100和中广核的ACPR100采用了一体化布置的设计方案，将蒸发器、稳压器和冷却剂泵包容到反应堆压力容器中，简化了反应堆冷却剂系统，消除了冷却剂系统内的大尺寸管道连接和大量压力贯穿件，从根本上消除了发生大破口失水事故的可能性，并由于采用非动能安全系统，进一步提升了安全性。国家电投的CAP150/200采用了紧凑式的设计方案，采用非动能安全理念，全面吸收了大型先进非能动压水堆重大专项研发成果、CAP1400研发和AP1000依托项目工程建设的经验反馈，能够简化很多系统、设备和构筑物。

(一)ACP100(玲龙一号)

ACP100 由中国核工业集团有限公司研发，总体结构方案及设计参数如图 4-5、表 4-4 所示。

图4-5 ACP100小堆总体结构方案

表 4-4 ACP100 小堆总体设计参数

参数	值	参数	值
热功率 / 兆瓦	310	燃料组件布置方式	17×17 正方形
电功率 / 兆瓦	100	燃料组件有效长度 / 米	2.15
预计能力因子	95%	堆芯燃料组件数量	57
设计寿命 / 年	60	燃料富集度	2.4%~4.0%
一回路压力 / 兆帕	15	燃料燃耗 /(吉瓦 / 吨铀)	<45000
堆芯入口温度 /℃	282.6	换料周期 / 月	24
堆芯出口温度 /℃	323.4	预计堆芯熔毁概率 / 每堆年	$<1\times10^{-6}$
反应堆压力容器高度 / 米	10	设计抗震加速度 /g	0.30
反应堆压力容器直径 / 米	3.19	运行基准地震加速度 /g	0.15
二回路蒸汽产量 /(吨 / 时)	450	预计建造周期 / 月	36
燃料类型	UO_2	每座机组模块数量 / 个	1~8

(二)ACPR100

ACPR100 由中国广核集团有限公司研发，总体结构方案及设计参数如图 4-6、表 4-5 所示。

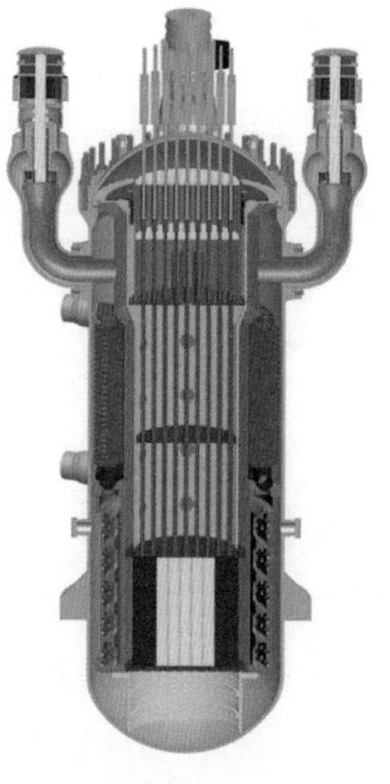

图4-6 ACPR100小堆总体结构方案

表 4-5 ACPR100 小堆总体设计参数

参 数	值	参 数	值
热功率 / 兆瓦	450	燃料类型	UO_2
电功率 / 兆瓦	140	燃料组件布置方式	17×17 正方形
设计寿命 / 年	60	堆芯燃料组件数量	69
一回路压力 / 兆帕	15.5	燃料富集度	<5.0%
二回路压力 / 兆帕	4.74	换料周期 / 月	30
反应堆压力容器高度 / 米	17	设计抗震加速度 /g	0.30
反应堆压力容器直径 / 米	4.4	预计建造周期 / 月	24

(三)CAP200

CAP200 由国家电力投资集团有限公司研发，总体结构方案与设计参数如图 4-7、表 4-6 所示。

图4-7 CAP200小堆总体结构方案

表 4-6 CAP200 小堆总体设计参数

参 数	值	参 数	值
堆芯额定热功率 / 兆瓦	660	堆芯燃料组件数量	89
电功率 / 兆瓦	>200	燃料富集度	<5.0%
设计寿命 / 年	60	环路数	2
预计能力因子	≥ 95%	一回路运行压力 / 兆帕	15.5
目标批量化建造周期 / 月	36	反应堆冷却剂平均温度 / ℃	301
预计堆芯损伤概率 / 每堆年	$<1\times10^{-6}$	单台蒸汽发生器蒸汽产量 / (千克 / 秒)	183.6
换料周期 / 月	24	单台主泵流量 /(米^3 / 时)	12000
燃料类型	UO_2	设计抗震加速度 / g	0.30
燃料组件布置方式	17×17 正方形	安全壳直径 / 米	25
燃料组件活性区高度 / 厘米	240	安全壳高度 / 米	27

（四）其他堆型

1 陆上

陆上小堆方面，我国还有多个单位在推进低温供热堆的研发应用。其中，清华大学研发的NHR200-Ⅱ型低温供热堆技术，采用一体化设计，为双层承压壳结构，具有自稳压、全功率自然循环、水力驱动控制棒等特点，安全性高、放射性隔离措施完善，供暖、供汽系统方案如图 4-8 所示。中国核工业集团有限公司正在推进燕龙低温供热堆研发，该技术为游泳池式，使反应堆在常压深水池内工作，与加压反应堆相比，系统和设备大大简化，具有“零”堆熔、“零”排放、无须厂外应急、易退役的技术特点。系统布置及总体设计参数如图 4-9、表 4-7 所示。国家电投自主研发的 200 兆瓦微压闭式回路供热堆 HAPPY200 采用了闭式回路，地下布置，用大容积水池作为常设安全设施，构成了无时限非能动安全系统。系统布置如图 4-10 所示。

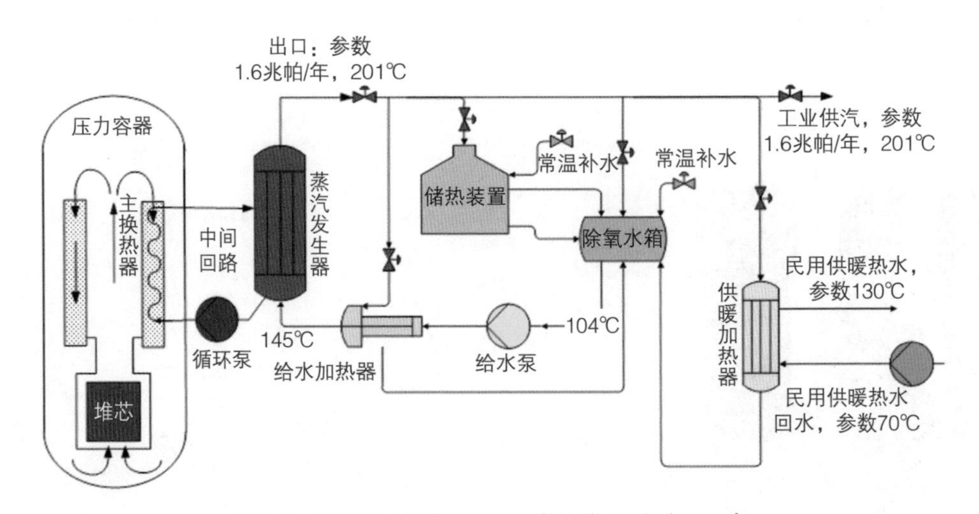

图4-8 NHR200-Ⅱ型低温供热堆供暖、供汽系统方案

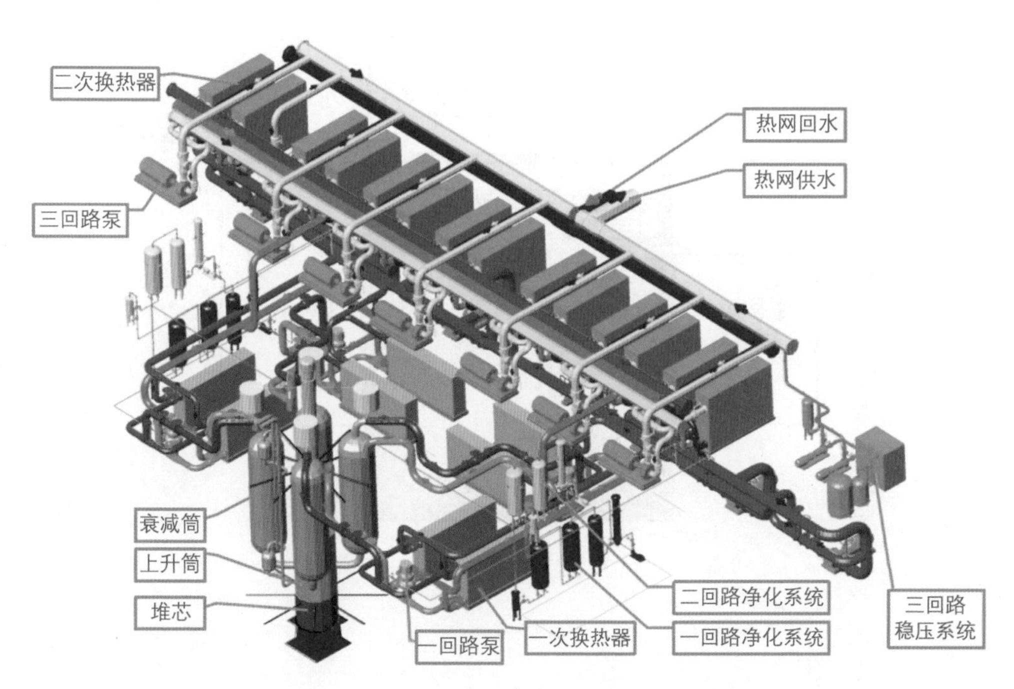

图4-9 中核“燕龙”池式低温供热堆系统布置示意

表 4-7 中核“燕龙”池式低温供热堆主要技术参数

参 数	值	参 数	值
功率 / 兆瓦	400	导向管外径 / 毫米	12.05
组件盒数	69	首炉堆芯等效直径 / 米	2.02
组件间距 / 毫米	215.04	单根棒功率 / 千瓦	21.96
栅距 / 毫米	12.6	平均线功率密度 /（千瓦 / 米）	8.875
活性区高度 / 米	2.4	燃料装料 / 吨	23.44
燃料元件外直径 / 毫米	9.5	水铀比	1.7744

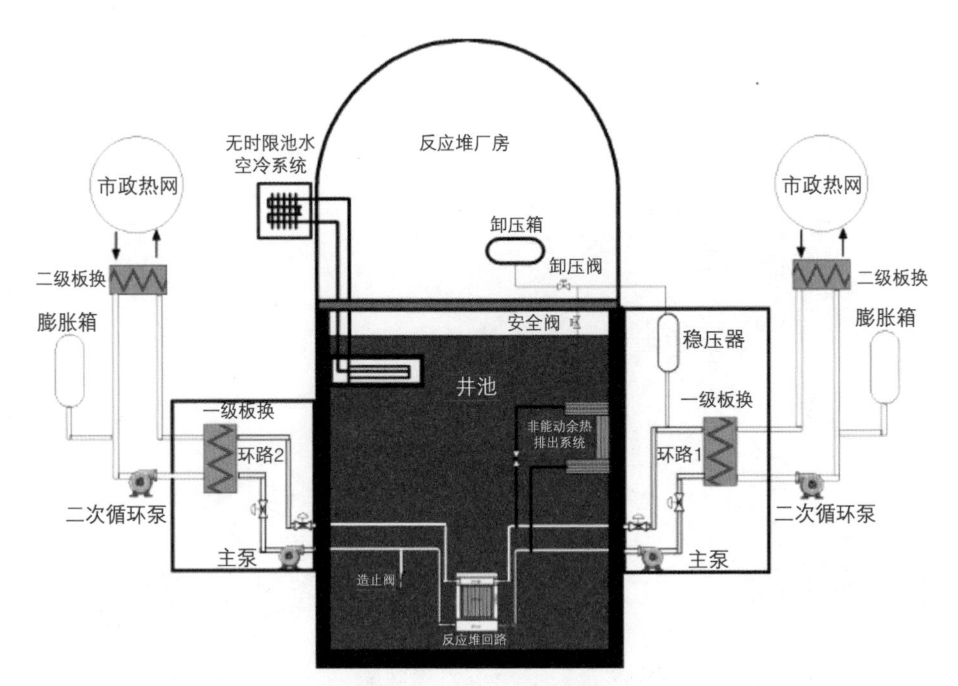

图4-10　国家电投HAPPY200小型供热堆系统布置

2 海上

在海上小堆方面，中国核工业集团有限公司、中国广核集团有限公司和中国船舶重工集团有限公司均在着力研发海洋核动力平台小型反应堆技术。中广核大力推进研发的 ACPR50S 采用了紧凑式结构、半潜式深吃水设计，充分利用海水作为最终热阱并提供天然的辐射屏蔽，事故状况下不需要厂外电力，7 天内不需要人员干预，可有效避免由于冷源损失造成类似福岛核事故的严重后果（浮动平台概念图如图 4-11 所示，总体设计参数如表 4-8 所示）。中船重工正在进行海洋核动力平台 HHP25 的设计研发，该技术为军转民技术，以已成熟应用的船用核动力装置技术为参考，具有船舶与核能工程的结合、一次装料运行周期长、机动性好、运行灵活等特点，不仅可以供能，还可以作为破冰船、多功能核动力综合保障船等特殊用途。总体设计思路如表 4-9 所示，主要设备及技术思路 / 工程实施方案如表 4-10 所示。中国核工业集团有限公司基于 ACP100 技术基础上，结合海上应用特点进行了进一步的优化，开发了ACP100S海上小堆（图4–12），并进一步推进ACP10S、ACP25S等不同功率海上小堆堆型研发，以实现海上小堆的型谱化。此外，国家电投也已着手推进CAP50S（50兆瓦）和CAP10S（10兆瓦）海洋核动力平台小型反应堆系列化方案设计。

图4–11　中广核ACPR50S浮动平台概念图

表4–8　中广核ACPR50S主要参数

参　　数	值
堆芯额定热功率/兆瓦	200
额定电功率/兆瓦	50
冷却剂系统运行压力/兆帕	15.5
燃料组件数/个	37
堆芯平均温度/℃	300
主冷却泵/个	2
活性段高度/毫米	2200
RPV堆芯段筒体内径/毫米	2300
RPV总高/毫米	8320
设计寿命/年	40
换料周期/年	~5
预计堆芯损坏概率/每堆年	$<1.0\times10^{-7}$
大量放射性释放概率/每堆年	$<1.0\times10^{-8}$

表 4-9 中船重工 HHP25 设计思路

序号	特　点	设计思路
1	布置选择	基于成熟的分散式布置压水堆核动力装置技术路线
2	高安全性	增设部分非能动安全系统，充分利用海水作为最终热阱，严重事故海水淹没措施（堆舱及安全壳内设备高度尽量低）
3	良好经济性	一次换料运行周期长，可连续供电，与海上常规能源相比具有经济竞争力，提供电力和淡水
4	系统简化	在原有技术和当前工业化基础上，进行必要的系统流程简化
5	设备小型化	采用小型成熟设备，或改进成熟设备小型化 + 设备海洋条件改进
6	成熟船舶技术	在成熟船舶技术基础上，开展非自航式船体设计

表 4-10 中船重工 HHP25 主要设备及技术思路 / 工程实施方案

序号	主要设备	技术思路 / 工程实施方案
1	燃料组件	圆形带盒棒状成熟 UO_2 组件，直接采购设计成品
2	控制棒	成熟铪棒，直接采购设计成品
3	控制棒驱动机构	马达螺杆步进式 + 弹簧，基于成熟方案 + 部分改进设计
4	堆内构件	基于成熟方案
5	反应堆压力容器	基于成熟反应堆设计方案
6	主泵	基于成熟主泵设计方案
7	蒸汽发生器	基于成熟 SG 设计方案 + 部分换热面积改进设计
8	稳压器	沿用成熟方案
9	主管道	沿用工程成熟的主管道布置和设计方案
10	钢制安全壳	以 KLT-40S 为参考进行设计研发
11	非能动安全系统	以成熟压水堆为参考，安注箱小型化设计，SG 二回路非能动余热排出系统改进设计
12	海上换料系统	参考船用核动力装置 +KLT40S+ 陆上核电工程技术思路，自主研发和设计
13	三废系统	参考船用核动力装置 +KLT40S+ 陆上核电工程技术思路，自主研发和设计
14	其他系统和设备	成熟设备为主，设备小型化和海洋环境适应性设计
15	船体平台	基于中船重工成熟船舶设计经验，自主设计
16	堆芯和安全分析（包括海洋环境影响）	海洋环境对正常运行（强迫循环）影响不明显，对自然循环影响较明显；采用保守热工裕量分析方法进行设计并确保安全
17	海洋环境研究	与国家海洋局、海事局、运行当地海洋气象局交流
18	商定标准和规范	与核安全局深入交流沟通，在成熟核电法规（HAF/HAD）和标准（GJB/EJ/NBT）基础上，参考国外核商船规范，结合工程项目特点做适应性改进

图4-12　ACP100S浮动核电站概念图

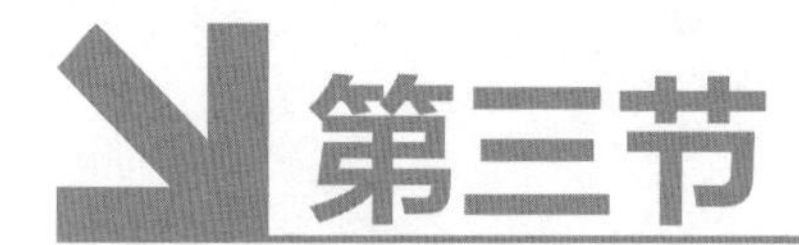

第三节 快堆

一、世界概况

早在20世纪40年代，美国的一批核科学家就知道了铀-238仅可由快中子引起裂变；快中子引起钚-239裂变时放出的中子数多于热中子引起裂变放出的中子，更多的二次中子就可以用来转换铀-238成易裂变的钚-239。为了证明快中子堆的增殖特性，E. 费米（E. Feimi）和W. H. 金（W. H. Zinn）提出了建造快中子堆的可能性，美国于1946年和1951年相继建成了Clementine和EBR-I。苏联的A. И. 列蓬斯基也于1949年提出了快堆的概念，1950年和1951年苏联提出研究用钠、钠钾合金、铅铋合金和氦气等作为快堆的冷却剂，并于1955年建成BR-1，1956年建成BR-2。几乎同时，英国在建成了两座快中子零功率装置ZEPHYR（1954年）和ZEUS（1959年）之后，于1959年建成了DFR实验快堆。接着美国又于1963年和1964年建成了EBR-Ⅱ和EFFBR。至此上述建成的第一代的实验快堆，其特点是用金属燃料或合金燃料类型，同时试探用各种冷却剂。

快堆要有高的功率密度，因此最适合的冷却剂是使用液态钠，第一座钠冷快堆是苏联于1959年建成的BR-5。20世纪60年代以后，由单纯增殖研究而转向对经济性的要求，要提高燃料燃耗到100吉瓦天/吨铀，因而发展了氧化物燃料堆芯，使用（Pu，U）O_2装料，并使用钠冷。具有这一特征的实验快堆称为第二代实验快堆，这些快堆是1967年法国建成的Rapsodie；1969年苏联建成的BOR-60；1977年德国和日本分别建成的KNK-Ⅱ和JOYO；1985年印度建成的FBTR。

以后的原型堆和商用验证性快堆就是在第二代实验快堆的基础上发展起来的。这些快堆是：法国建成的 Phénix 和 SPX-1；苏联建成的 BN-350 和 BN-600；英国建成的 PFR；日本建成的 MONJU；俄罗斯建成的 BN-800 等。在建和即将建成的快堆有印度的 PFBR 和中国的 CFR-600。中国的第一座快堆 CEFR（中国实验快堆）于 2014 年 12 月达到满功率运行，目前正在开展全面应用。

总体而言，国外快堆的发展几乎是与热中子反应堆的发展同期开始的，已超过半个世纪，美国、俄罗斯、法国、英国、日本、德国、印度等国共建成过大小不同功率的快堆 27 座（其中钠冷快堆 23 座，另有早期的实验堆汞冷和钠钾冷各 2 座），包括实验堆 17 座、原型堆 7 座、商用验证堆 3 座。积累的快堆运行经验超过 350 快堆·年，钠冷快堆技术已达到了基本成熟的阶段。实践证明，快堆是一种安全、可靠，并有好的经济前景的堆型。表 4-11 列出了各国已建快堆和设计的部分快堆。其中，俄罗斯的 600 兆瓦原型快堆 BN-600 成功连续运行至今近 40 年，平均负荷因子达到 74.4%（图 4-13）。从表 4-11 中可以看出，在快堆发展初期，一些国家设计并建造了一批小型实验快堆来验证各种科学概念，如验证快中子堆的可运行性（Clementine、BR-2、LAMPRE、EBR-I 等）、验证快堆的可增殖性（EBR-I、LAMPRE、BR-5 等）、验证安全性（如 SEFOR 等）及验证可作为核电厂的可运行性（EBR-I、EBR-Ⅱ、FERMI DF BOR-60、KNK-Ⅱ）等。

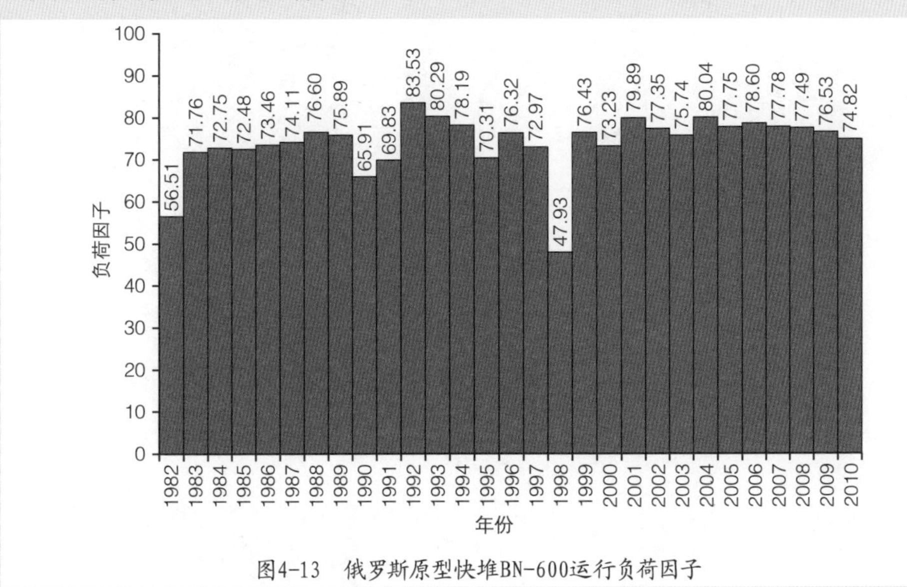

图4-13　俄罗斯原型快堆BN-600运行负荷因子

表 4-11 国外快堆发展概况

快堆名称	功率热 / 电 /(兆瓦)	堆 型	冷却剂	燃 料	运行时间	类别			
						实验堆	原型堆	经济验证堆	商用堆
美国									
Clementine	0.025/0	回路型	Hg	Pu	1946—1952	√			
EBR-Ⅰ	1.2/0.2	回路型	NaK	U 合金	1951—1963	√			
LAMPRE	1.0/0	回路型	Na	熔 Pu	1961—1965	√			
FERMI	200/66	回路型	Na	U 合金	1963—1975	√	(√)[1]		
EBR-Ⅱ	62.5/20	池型	Na	U 合金 (U,Pu,Zr)	1963—1998	√			
SEFOR	20/0	回路型	Na	UO_2	1969—1972	√			
FFTF	400/0	回路型	Na	$(Pu,U)O_2$	1980—1996	√			
CRBR	975/380	回路型	Na	$(Pu,U)O_2$			√		
ALMR	nx840/303	池型	Na	$(U,Pu,Zr)(Pu,U)O_2$					√
SAFR	nx873/350	池型	Na	(U,Pu,Zr)				√	
法国									
Rapsodie	20~40/0	回路型	Na	$(Pu,U)O_2$	1967—1983	√			
Phénix	653/254	池型	Na	$(Pu,U)O_2$	1973—2010		√		
SPX-1	3000/1242	池型	Na	$(Pu,U)O_2$	1985—1998			√	
EFR	3600/1500	池型	Na	$(Pu,U)O_2$					√
德国									
KNK-Ⅱ	60/21.4	回路型	Na	$(Pu,U)O_2$	1977—1991	√			
SNR-300	770/327	回路型	Na	$(Pu,U)O_2$	(1994)[2]		√		
SNR-2	3420/1497	回路型	Na	$(Pu,U)O_2$				√	
印度									
FBTR	42/12.5~15	回路型	Na	(Pu,U)C	1985—	√			
PFBR	1250/500	池型	Na	$(Pu,U)O_2$	2014 临界		√		

续表

快堆名称	功率热 / 电 /(兆瓦)	堆型	冷却剂	燃料	运行时间	类别			
						实验堆	原型堆	经济验证堆	商用堆
				日本					
JOYO	100~140/0	回路型	Na	$(Pu,U)O_2$	1977—	√			
MONJU	714/318	回路型	Na	$(Pu,U)O_2$	1994—[3]		√		
DFBR	1600/660	双池	Na	$(Pu,U)O_2$				√	
CFBR	3250/1300	池型	Na	$(Pu,U)O_2$					√
				英国					
DFR	60/15	回路型	Na	U 合金	1959—1977	√			
PFR	600/270	池型	Na	$(Pu,U)O_2$	1974—1994		√		
CDFR	3800/1500	池型	Na	$(Pu,U)O_2$				√	
				意大利					
PEC	123/0	回路型	Na	$(Pu,U)O_2$		√			
				俄罗斯					
BR–2	0.1/0	回路型	Hg	Pu	1956—1957	√			
BR–5/10	5~10/0	回路型	Na	Pu,PuO_2	1958—2003	√			
BOR–60	12~60	回路型	Na	$(Pu,U)O_2$	1969—	√			
N–350	700/130	回路型	Na	UO_2	1972—1999		√		
N–600	1470/600	池型	Na	UO_2	1980—		√		
BN–800	800~2000	池型	Na	$(Pu,U)O_2$	2014 临界			√	(√)
BMN–170	nx425/170	池型	Na	$(Pu,U)O_2$					(√)
BN–1200	2800/1200	池型	Na	氮化物 /$(Pu,U)O_2$					√
BN–1800	4500/1800	池型	Na	$(Pu,U)O_2$					√
				韩国					
PGSFR	392/162	池型	Na	(U,Pu,Zr)			√		

注：① FERMI：原作原型堆设计。

② SNR–300：建成，因地方政府反核而未装料，已拆除。

③ MONJU：1994 年二回路发生钠泄漏后停堆至今，目前日本政府已决定将其退役。

这一研究阶段快结束时已到了20世纪70年代。当时发生石油危机，工业国家试图加快快堆商用化发展，因此设计了一些商用快堆，功率规模均为1000兆瓦左右。已经建成的一批验证性实验快堆，其电功率都在66兆瓦以下，若无相近的技术选择，要以此为基础一步跨到商用规模，技术经济风险太大。因此选择功率规模为250~600兆瓦的原型快堆作为过渡。各国已建成的原型快堆有BH350、Phénix、PFR、BH600、MONJU等。

在验证快堆可作为核电站运行后，快堆商用的关键在于经济性，而运行的经济性很大程度上取决于设备和系统的可靠性、耐高燃耗的燃料和耐高辐照的材料，因此也建过一些不带发电系统的、为辐照考验燃料和材料的实验堆，如Rapsodie、JOYO、FFTF，以及未建成的PEC等。当然，为辐照考验燃料、材料，在验证发电的实验快堆上也能完成，甚至在原型堆上也可辐照考验燃料、材料。发电和辐照两个任务可以统一的原因是，辐照燃料、材料也是长时间的运行任务，与追求电站的负荷因子并无大的矛盾。

由上可以看出，各国快堆工程发展的共同经验是，分步建造实验快堆、原型快堆和商用快堆。商用快堆的首座，一般经济性尚不能与已有核发电装置竞争，称为经济验证性电站，亦称示范电站，推广后方称商用堆。上述发展战略一般适用于独立发展快堆的国家，如果有好的国际合作条件，或者快堆核电站已发展到进入国际市场的阶段，可能有不同的选择。

美国于2000年1月首次提出了6种第四代先进核能系统概念，并已被有核能国家接受，其中有3种是快堆：钠冷快堆、铅冷快堆、气冷快堆，另3种是超高温堆、超临界水堆和熔盐堆。

在这6种先进堆型中，钠冷快堆在世界上建成过18座不同功率规模直至商用示范规模的一种堆型。它技术成熟度较高，并且已有实验堆和原型堆分别实现了铀钚合金燃料和铀钚混合氧化燃料的闭式燃料循环。其经济性还有待进一步提升。

上述发展快堆的国家中如法国、美国核能已有相当规模，法国600兆瓦示范快堆ASTRID正在设计中；美国自20世纪末一体化快堆（IFR）工程下马以后目前没有明确的钠冷快堆建造计划，但一直持续开展基础科研工作，包括先进结构材料与高性能燃料、超临界二氧化碳能量转换系统、先进模拟与安全分析技术；德国、英国虽无快堆工程建设计划，但参加了欧盟快堆科研和法国 ASTRID 科研工作。

俄罗斯已有丰富的快堆工程经验，870 兆瓦的 BN–800 已投入商业运行，又欲占领未来快堆市场，积极走向高功率商用快堆。1200 兆瓦大型快堆 BN–1200 已完成设计和设计验证，准备兼有 MA 嬗变研究的功能，计划 2025 年建造；小型铅铋快堆 SVBR–100 正处于设计和科研阶段，目前正在积极探讨与中方合作建造；完成了铅冷快堆 BREST–OD–300 数据合理性的研究，目前已开始建造，对应的 MOX 燃料生产线也已经开始建造；多功能钠冷快中子研究堆 MBIR 准备建造以代替运行了45 年的 60 兆瓦的 BOR–60，该堆位于俄罗斯季米特洛夫格勒，已经开始建造。

日本从 20 世纪 60 年代开始发展快堆技术，截至目前共建成 2 座快堆，分别是实验快堆常阳（Joyo）和原型快堆文殊（Monju）。由于文殊快堆不断出现问题，日本政府已决定将其关停。福岛核事故后，日本政府重新调整了核能政策，其核能发展的重点方向为增强反应堆安全性能、提高乏燃料储存及后处理的能力和继续推进核燃料循环政策。目前，正在研发 1500 兆瓦的大型商用快堆 JSFR，部署时间未定。

韩国设计的 150 兆瓦原型快堆 PGSFR 正处于设计阶段，快堆金属燃料及其高温电解技术已经掌握。韩国科技部在韩国原子能研究院（KAERI）专门成立了一个机构推进快堆。

印度缺少能源，积极发展快堆，500 兆瓦原型快堆 PFBR 已建成，之后准备推广 4 座同型快堆。印度已掌握金属燃料技术，不久将进入高增殖的金属燃料 600 兆瓦快堆建造阶段，该堆比 PFBR 有高的增殖和较小的钠空泡系数，之后，还准备推广 1~2 座。

国际上各国均考虑建堆的经济性，大多快堆也均有商用目标。目前各国计划建造的快堆和计划建成时间如表 4–12 所示。

表 4-12　各国有计划建造的快堆

国家	快堆名称	电功率 / 兆瓦	计划建成时间
法国	ASTRID	钠冷 600	待定
日本	JSFR	钠冷 1200	待定
俄罗斯	BN-1200	钠冷 1200	2025
印度	4×PFBR	钠冷 4×500	2020
中国	CFR-600	钠冷 600	2023
韩国	PGSFR	钠冷 150	2028

另外，苏联也曾选择铅铋重金属冷却反应堆技术应用于艇用核动力中，通过俄罗斯物理和动力工程研究所（IPPE）几年的持续研究，成功地在一定程度上解决了铅铋合金冷却剂的工艺问题和对结构材料的腐蚀问题。随后苏联建造了 2 个陆上实验装置和 8 艘使用铅铋合金冷却反应堆的核潜艇，累积有 80 个堆年的运行经验。第一艘试验艇上带 2 座反应堆，又称 645 工程，其反应堆热功率 74 兆瓦；另外的 7 艘称为 705 工程，每艘艇带一座反应堆，热功率达到 155 兆瓦，也即西方国家所谓的 Alpha 级核潜艇。Alpha 级核潜艇通过利用铅铋反应堆高功率密度的显著特点，实现了较高的功率体积比，并且刷新了“冷战”时期苏联高速潜艇的航速纪录，最高达到 40 节的水下航速。

二、中国选择

我国快堆技术的发展已有 50 多年，大致分基础研究阶段（1967—1986 年），以 65 兆瓦热功率实验快堆为工程目标的应用研究阶段（1987—1993 年），中国实验快堆的工程研发和建造阶段（1990—2012 年），以及 600 兆瓦示范快堆 CFR600 的设计、科研、验证、建造阶段（2013—2023 年）。

(一)快堆技术基础研究

我国快堆技术的开发始于 60 年代中后期，在前北京 194 所组织了约 50 人的科研队伍进行基础研究，主要重点放在快堆堆芯中子学、热工流体、钠工艺和材料、小型钠设备和仪表。直到 1986 年，建成了 12 台（套）实验装置和钠回路（表 4–13）。其中，包括 1 座快中子零功率装置，1968 年经李富春副总理和周恩来总理特批，调用核燃料，该装置于 1970 年 6 月 29 日首次临界（图 4–14）。

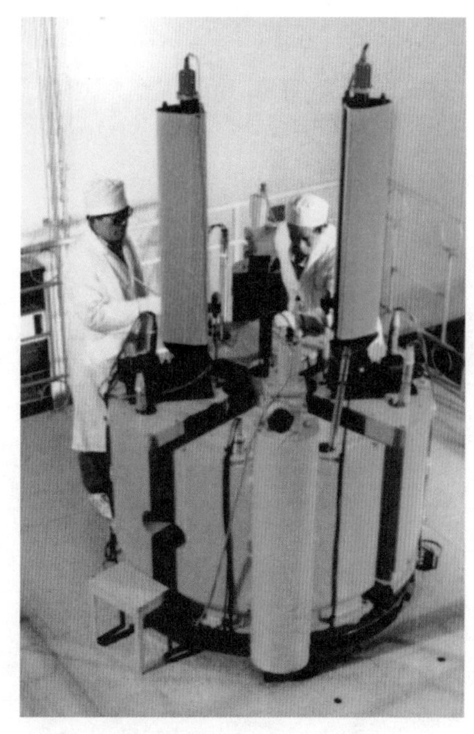

图4–14　快中子零功率装置(1970年6月29日)

在这 20 多年间通过理论和实验研究，初步掌握了堆芯中子学和钠热工流体的计算方法、钠净化技术、钠与材料的相互作用原理、小型钠设备和仪表技术以及快中子临界装置的运行技术等。

表 4–13　我国快堆技术主要研究装置（1967—1986）

序号	名　称	主要参数	建成时间	地点
1	快中子零功率装置	50 千克铀 -235	1970 年 6 月	北京
2	高温钠腐蚀回路	温度，最高 600 ℃ 钠流速 12 米 / 秒 氧含量$< 50\times10^{-6}$	1970 年 7 月	北京
3	钠净化回路	钠体积 150 米^3 氧含量$< 20\times10^{-6}$	1970 年 9 月	北京
4	钠热工回路	钠流量 20 米^3/ 小时 钠温，最高 550 ℃ 换热功率 50 千瓦 泵压头 0.55 兆帕	1970 年 10 月	北京

续表

序号	名　称	主要参数	建成时间	地点
5	热对流腐蚀回路	钠温，最高 700 ℃ 流速，6 厘米 / 秒 钠体积，4 升 氧含量$< 15\times10^{-6}$	1972 年	北京
6	控制棒驱动机构部件试验装置	介质，水 质量流量 1 吨 / 小时 驱动范围 800 厘米 偏心，+30 毫米	1979 年 10 月	成都
7	阻塞计钠回路	最高温度 450 ℃ 流量，1 米^3/ 小时 钠体积，28 升	1981 年 10 月	北京
8	应力腐蚀钠装置	温度最高 700 ℃ 负荷，600 千克 样品变形 0~10 毫米	1981 年 12 月	北京
9	交流电磁泵试验钠回路	质量流量，5 吨 / 小时	1968 年	上海
10	交流电磁泵试验钠回路	质量流量，10 吨 / 小时	1969 年	上海
11	直流电磁泵试验钠回路		1968 年	上海
12	钠泵试验钠回路	温度最高 450 ℃ 流量，18 米^3/ 小时	1984 年	成都

（二）快堆技术应用基础研究

从 1987 年起国家将快堆技术发展纳入国家高技术研究发展计划（“863” 计划），成为该计划能源领域的一个重要项目。专拨 2700 万元在原子能院建设了约 18000 米^{2}的快堆研究实验室，包括综合实验楼，钠工艺、热工和安全、部件考验和零功率实验大楼等，实验设施逐步充实。1992 年，由邹家华副总理命名为中国快堆研究中心。

在 “863” 计划中，确定了 65 兆瓦（25 兆瓦装机）实验快堆的工程目标，安排了 9 大课题 61 个子课题，以该实验快堆为工程目标进行预研论证。重点放在快堆设计、钠工艺、材料和燃料以及快堆安全研究上。1988—1993 年以中国原子能科学研究院为主持单位，与西安交通大学、清华大学、核动力院、核工业404厂、上海交通大学、湖南大学、钢铁研究总院、郑州机械研究所合作，共500余人，建成了约20台（套）具有一定规模的试验装置和试验钠回路，主要装置列在表4-14中，并且完成了设计计算程序收集、开发和实用化，实验快堆概念设计，实用化的钠净化、分析技术的开发，完成一批钠水反应、钠沸腾等安全试验，完成了大部分钠热工仪表的研制，并已实用化，完成了钠水反应、钠沸腾等诊断试验，完成了燃料组件模拟件、阀门的研制，开展了燃料研制与试验工作，准备了材料使用性能验证的条件。

这一阶段的研究工作，考虑到研究工作的安排主要针对65兆瓦中国试验快堆进行，又被称为快堆技术开发的应用基础研究阶段。

表4-14　我国快堆技术主要研究装置（1988—1993）

序号	名　称	主要参数	建成时间	地　点
1	钠热工回路	流量20米^3/小时 钠温，最高550℃ 功率300千瓦 泵压头0.55兆帕	1990年12月	原子能院
2	钠净化回路	体积85升 温度，最高520℃ 流量1米^3/小时	1990年12月	原子能院
3	钠沸腾回路	流量20米^3/小时 温度，最高1000℃	1991年3月	西安交大
4	质量迁移钠回路	温度，最高550℃ 低温450℃ 流量2米^3/小时 氧含量20×10^{-6} 碳含量$<(0.1\sim5)\times10^{-6}$	1990年10月	原子能院
5	材料腐蚀试验钠回路	温度，最高600℃ 流量12米^3/小时 氧含量$<10\times10^{-6}$ 碳含量$<1\times10^{-6}$	1992年10月	原子能院
6	裂变产物－包壳试验装置	温度550~700℃ O/M 1.96~2.00 模拟燃耗5%~10%	1990年10月	原子能院

续表

序号	名　称	主要参数	建成时间	地　点
7	蠕变疲劳试验钠回路	温度最高 600 ℃ 流速 1~3 米 / 秒	1992 年	原子能院
8	双轴蠕变试验装置	温度，最高 900 ℃ 压力，最大 10.0 兆帕	1990 年 10 月	原子能院
9	U–Zr 感应加热熔化和喷注装置	容量 300 克 U–Zr	1991 年 3 月	原子能院
10	合金燃料熔化和喷注装置		1991 年 12 月	核动力院
11	Na–H_2O 反应试验装置	水泄漏率＜ 1 克 / 秒 钠温 300~500℃ 压力 1 兆帕	1991 年 3 月	原子能院
12	氢探测钠回路	流量 5 米 ^{3}/ 小时 钠温 500 ℃	1991 年	清华大学
13	钠中碳分析装置		1991 年	原子能院

(三)快堆工程技术发展

1 中国实验快堆

中国实验快堆(CEFR)是我国快堆工程发展的第一步，其目的是：积累快堆电站的设计、建造和运行经验；运行后作为快中子辐照装置、辐照考验燃料和材料，也作为钠冷快堆全参数实验平台考验钠设备和仪表(图 4–15)，为快堆工程的进一步发展服务。CEFR 主要设计参数如下(表 4–15)。

1995 年，中国实验快堆工程立项。在完成前期设计和实验验证的基础上，2000 年 5 月浇灌第一灌混凝土，开始中国实验快堆的建造。2002 年 8 月实现核岛厂房封顶，2005 年 8 月堆容器首批部件吊入厂房开始堆本体安装，2006 年 2 月开始核级钠进场灌装。2010 年 7 月中国实验快堆实现首次临界，2011 年 7 月实现首次 40% 功率并网发电，2014 年 12 月实现满功率运行，达到设计指标。

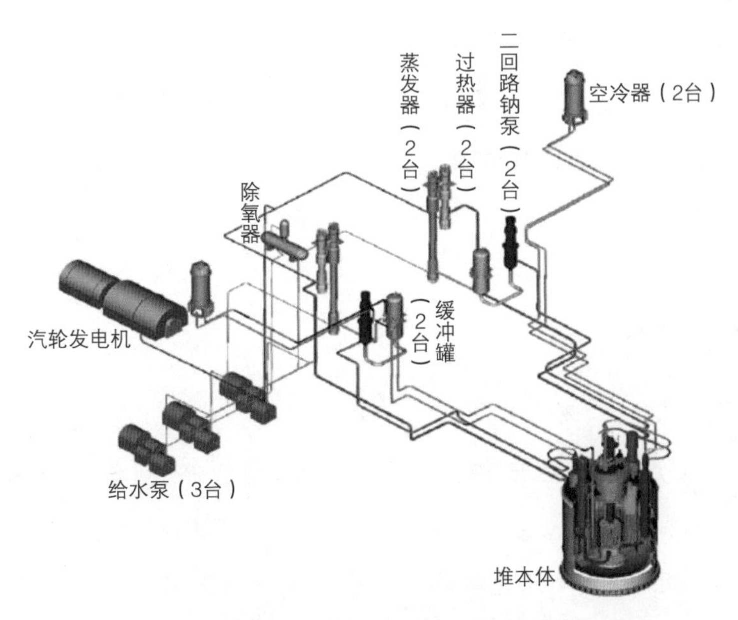

图4-15 实验快堆CEFR系统示意

表4-15 实验快堆 CEFR 主要设计参数

参　数	值	参　数	值
热功率 / 兆瓦	65	一回路	
电功率 / 兆瓦	20	钠量 / 吨	260
反应堆堆芯		一回路钠泵 / 台	2
高度 / 厘米	45	总流量 /（吨 / 小时）	1328.4
当量直径 / 厘米	60	中间热交换器 / 台	4
燃料（首炉）	UO_2	二回路	
U-235（富集度）/ 千克	236.6（64.4%）	环路数	2
线功率（最大）/（瓦 / 厘米）	430	总钠量 / 吨	48.2
中子注量率（最大）/（中子 / 厘米 ^{2} · 秒）	3.2×10^{15}	总流量 /（吨 / 小时）	986.4
最大燃耗 /（兆瓦天 / 千克铀）	60	三回路	
堆芯入 / 出口温度 /℃	360/530	蒸汽压力 / 兆帕	14
主容器外径 / 毫米	8010	蒸汽流量 /（吨 / 小时）	96.2
		设计寿命 / 年	30

我国快中子增殖反应堆的发展战略是“实验快堆、示范快堆、商用快堆”三步走，中国实验快堆是第一步。为降低后续开发的技术风险、提高技术及工程经验的继承性，中国实验快堆的方案选择上就考虑了后续的发展。我国快堆工程技术发展的第二步是示范快堆。

2 中国示范快堆

中国示范快堆（CFR600）是一座设计额定发电功率 600 兆瓦的池式钠冷快堆，2017 年 12 月开始土建先期施工。根据示范快堆电站在安全性、可持续性等主要目标应达到第四代核能系统的要求，结合 CEFR 工程实践经验，并借鉴其他快堆国家的方案，确定了 CFR600 总体技术方案。CFR600 主系统原理如图 4–16 所示，主参数如表 4–16 所示。

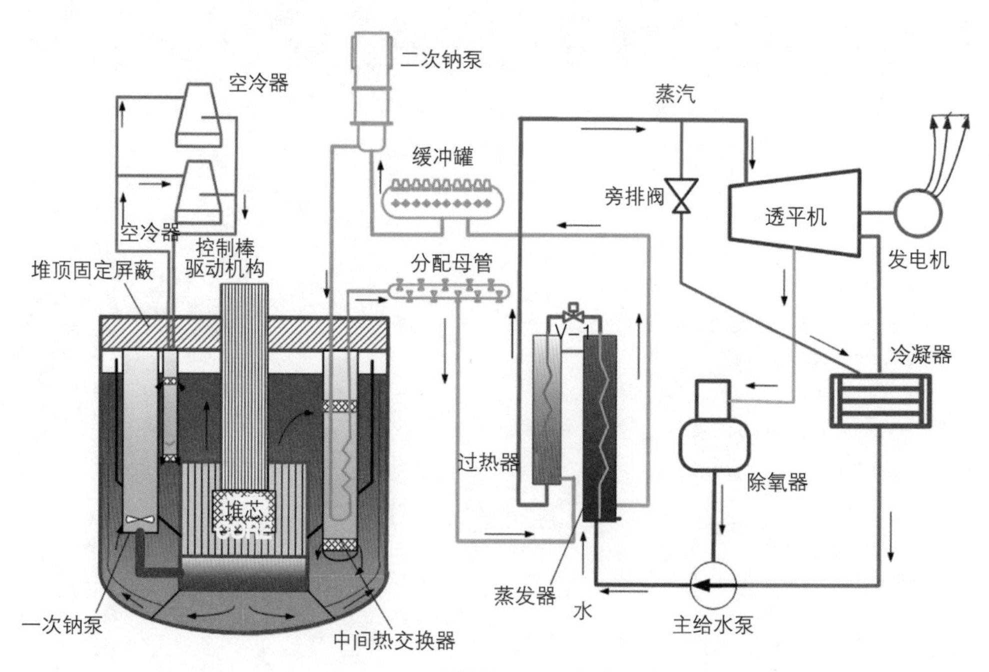

图4–16　示范快堆CFR600主系统原理

表 4-16 示范快堆 CFR600 目标参数

参数	数值或质量指标
总体参数：	
电功率 / 兆瓦	600
热功率 / 兆瓦	1500
热效率	40%
燃料	MOX 燃料
设计最大比燃耗限值 /（兆瓦天 / 吨铀）	100000
增殖比	大于 1.1
回路数	3（钠 – 钠 – 水）
反应堆堆芯：	
堆芯高度 / 毫米	1000
燃料棒最大线功率设计限值 /（千瓦 / 米）	43
控制体吸收材料	碳化硼（B_4C）
回路参数：	
入口钠温 /℃	358
出口钠温 /℃	540
钠流量 /（千克 / 秒）	7144
反应堆气腔压力 / 兆帕	0.15
环路数	2
二回路参数：	
蒸汽发生器入口钠温 /℃	505
蒸汽发生器出口钠温 /℃	308
钠流量 /（千克 / 秒）	5962
环路数	2
三回路参数：	
蒸汽发生器入口给水温度 /℃	210
蒸汽发生器出口蒸汽温度 /℃	485
过热蒸汽产量 /（吨 / 小时）	2280
蒸汽发生器出口蒸汽压力 / 兆帕	14
非能动事故余热排出系统：	
布置位置	主容器内
通道数量 × 换热功率 / 兆瓦	4×9
设计功率（总）/ 兆瓦	36（2.4%Pn）
堆芯熔化概率	$<10^{-6}$
严重事故下大量放射性物质释放至环境的概率	$<10^{-7}$
电厂寿期 / 年	40

第四节 高温气冷堆

一、世界概况

高温气冷堆（HTGR）概念演化来自早期的空气冷却和二氧化碳冷却反应堆。采用氦气取代空气和二氧化碳作为冷却剂并采用石墨作为慢化剂，实现更高的温度输出，提供了更高的中子效率和热效率。

现如今运行或者正在设计、建设中的先进高温气冷堆，有日本的HTTR试验堆，清华大学研发的HTR-10气冷堆（2003年满功率发电）与HTR-PM（2012年12月9日开工），南非的球床模块反应堆（PBMR），美国与俄罗斯联合设计的氦气透平-模块式高温气冷堆（GT-MHR），以及美国设计的气冷快堆EM^2等（表4-17）。

表4-17 正在建设或处于设计阶段的高温气冷堆

序号	名称	国家	设计机构	发电功率/兆瓦	最新进展
1	HTR-PM	中国	清华大学	200	1台机组建设中
2	HTR-10	中国	清华大学	2.5	运行中
3	PBMR	南非	PBMR	165	初步设计
4	MHTGR	美国	General Atomics	147	初步设计
5	EM^2	美国	General Atomics	265	概念设计
6	GT-MHR	美国 俄罗斯	General Atomics Rosatom	285	初步设计

续表

序号	名称	国家	设计机构	发电功率 / 兆瓦	最新进展
7	HTTR	日本	日本原子力研究所	—	运行中
8	GTHTR	日本	日本原子力研究所	100~300	概念设计
9	Antares	法国	AREVA	272	概念设计

1 HTR-10 和 HTR-PM

中国的 HTR-10 是一种球床式模块高温气冷堆，于 2000 年临界，2003 年达到满功率运行。堆芯中共有 27000 个球状燃料元件，燃料富集度为 17%，主要是用作实验堆。

中国正在建设的高温气冷堆 HTR-PM（high temperature gas cooled reactor-pebble-bed module）具有 2 个热功率各为 250 兆瓦的反应堆模块，可输出 200 兆瓦电功率，燃料丰度为 8.5%。

2 PBMR

南非的球床模块反应堆（PBMR）借鉴了德国的技术。它的宗旨是使反应堆在安全性、经济性和防止核扩散方面再上一个台阶。它设计的电功率为 165 兆瓦。它们采用直接循环氦气轮机发电方式，热效率大约为 42%。氦冷却剂从反应堆底部出口时温度达到 900℃，45 万个燃料球通过反应堆持续地再循环（每个大约循环 6 次），新燃料的平均富集度为 9.6%，平均燃耗为 92 吉瓦 / 吨铀。压力容器内衬石墨，在中央有一根石墨柱作为反射层，控制棒位于侧反射层里。该机组的性能包括负荷变化的灵活性（40%~100%），功率能迅速变化。每个机组模块每年排出 19 吨乏燃料球，储存在通风的现场仓库里。

PBMR 的投资商包括南非电力公司、南非工业开发公司及英国核燃料公司（后变成西屋公司）。2010 年该项目暂停。

3 GT-MHR、MHTGR 和 EM²

美国与俄罗斯联合设计的氦气透平 – 模块式高温气冷堆（GT–MHR）将作为单个 285 兆瓦的模块建造，氦气直接驱动气轮机，热效率为 48%。圆柱形堆芯包括 102 根石墨块组成的六角形燃料元件柱，上面有用于氦气和控制棒的通道，堆芯区内外都有石墨反射层，构成环形堆芯。每 18 个月更换一半堆芯。燃耗大约是 100 吉瓦 / 吨铀。氦冷却剂出口温度是 850 ℃，今后会继续提高到 1000 ℃。该堆型由美国通用原子能公司与俄罗斯原子能部合作开发，日本富士公司提供了支持，起初该反应堆是用来焚燃俄罗斯核武器上拆卸下的纯钚，初步设计已于 2001 年完成，造价预计低于 1000 美元 / 千瓦，总发电成本为 2.9 美分 / 千瓦时。

这种反应堆还有一个更小的版本，即美国通用原子能公司提出的 10~25 兆瓦电功率的偏远厂址模块氦冷反应堆（RS–MHR）。燃料丰度达到 20%，换料周期为 6~8 年。

更早期，通用原子能公司还设计了 350 兆瓦、450 兆瓦，采用蒸汽循环的模块式高温气冷堆 MHTGR。最近，通用原子能公司还推出了 EM² 这个气冷快堆设计方案。

4 HTTR 和 GTHTR

日本原子能研究所开发的 30 兆瓦热功率的高温试验堆（HTTR）在 1998 年年底启动，已成功地在 850 ℃下运行，2004 年冷却剂出口温度还达到了 950 ℃。它的燃料设计也采用棱柱式，该反应堆的主要目的是验证高温裂解水制氢的热化学方法。

在高温试验堆的基础上，日本原子能研究所还正在开发气轮机高温气冷堆（GT–HTR），每个模块可达到 600 兆瓦的热功率。它使用改进的高温试验堆燃料元件，采用 14% 浓缩度的铀，燃耗达到 112 吉瓦 / 吨铀。850℃的氦气驱动一台卧式气轮机能产生 300 兆瓦的电功率，总效率达到 47%。堆芯含有 90 根六角形燃料柱，

8米高，排列成一个环形，内外有石墨反射层。每个柱体含有8个1米高的元件，装有57个燃料细棒，细棒由三结构同向性型（tristructuraliso-trpic，TRISO）包覆颗粒燃料构成，TRISO包覆颗粒具有0.55毫米直径的核芯、0.14毫米厚的缓冲层、外面更坚固的热解炭和硅碳包覆层。

以每个电站建造4个模块为基础，投资造价是1300~1700美元/千瓦，发电成本大约为3.4美分/千瓦时。

二、中国选择

1 研发历程

我国高温气冷堆技术研发始于20世纪70年代，1986年正式列入了国家“863”高技术计划。1995年6月，10兆瓦高温气冷实验堆HTR-10项目正式开工。2000年12月，HTR-10项目首次达到临界，实现了预期目标。2003年1月，HTR-10实现满功率并网发电运行。

在HTR-10的基础上，我国将建成电功率为200兆瓦的高温气冷堆核电站示范工程提上日程。2004年3月，华能集团、中国核工业建设集团、清华大学签署合作建设高温气冷堆核电站示范工程的框架协议，启动项目筹备工作，开展厂址选择，并开始示范工程的标准设计工作。2004年8月，国家发展改革委员会发文表示支持高温气冷堆核电站示范工程项目，原国防科工委将该项目列入核能开发计划，科学技术部也表示给予科研经费支持。2008年2月，国务院常务会议批准了《高温气冷堆核电站重大专项总体实施方案》，高温气冷堆重大专项正式启动实施，周期为2009年到2020年，共11年（图4-17）。

图4-17　石岛湾高温气冷堆核电站示意

2 高温气冷堆重大专项的主要创新点

高温气冷堆具有固有安全性、系统简单、发电效率高、用途广泛、经济竞争性强等优势。重大专项采用的球床模块式高温气冷堆的主要技术创新点如下。

（1）采用 TRISO 包覆颗粒燃料构成的“全陶瓷型”球形燃料元件，它具有在不高于 1620 ℃的高温下阻留放射性裂变产物释放的能力。

（2）采用单区球床堆芯设计，球形燃料元件自上向下流动。

（3）堆芯设计保证在任何运行工况和事故情况下，燃料元件最高温度不超过其安全限值 1620 ℃。

（4）采用燃料元件连续装卸、多次循环的燃料管理模式，即燃料元件从堆芯顶部装入，从堆芯底部卸料管卸出，卸出的燃料元件逐个进行燃耗测量，已达到卸料燃耗的元件被排出堆外贮存，未达到卸料燃耗的元件则被重新装入堆芯，实现燃料元件多次循环，使反应堆燃耗分布更为均匀，过剩反应性更小，电站可用率更高。

(5)设置两套独立的停堆系统：控制棒系统和吸收球停堆系统，控制棒和吸收小球都依靠重力下落实现停堆功能，提高了停堆系统的可靠性。

(6)反应堆堆芯周围全部由石墨和碳砖材料构成，该区域内没有金属部件，使堆芯结构部件能承受高温。

(7)反应堆堆芯和蒸汽发生器分别设置在两个壳体内，并由热气导管壳体相连接，构成一回路压力边界。三个壳体组成的压力边界均通以冷氦气进行冷却，使壳体不承受高温。

(8)反应堆压力容器、蒸汽发生器壳体和连接两者的热气导管壳体，均包容在混凝土结构的一回路舱室内，一回路舱室具有包容性功能，是阻止放射性释放的第三道安全屏障。

3 高温气冷堆重大专项的目标和任务

高温气冷堆重大专项的目标和任务是，以我国已经建成运行的 10 兆瓦高温气冷实验堆为基础，攻克高温气冷堆工业放大与工程实验验证技术、高性能燃料元件批量制备技术，建成具有自主知识产权的 20 万千瓦级模块式高温气冷堆商业化示范电站，以及开展氦气透平直接循环发电及高温堆制氢等技术研究，为发展第四代核电技术奠定基础。课题研究任务分为三大类别。①示范工程关键运维技术研发及装备优化。加快完成蒸汽发生器、燃料装卸系统等关键设备研制，工艺固化，开展高温堆特有的运行维护技术研究，确保高温气冷堆示范工程顺利建成并稳定运行。②高温气冷堆产业化推广的基础共性技术研发。开展工程设计优化定型、多模块电站控制技术等的研发，促进专项成果产业化推广应用。③超高温气冷堆技术预研。推动高温气冷堆向更高温度、更广泛应用领域发展，保持高温气冷堆技术国际领先地位。

核岛总体布局如图 4-18 所示。总体设计参数如表 4-18 所示。

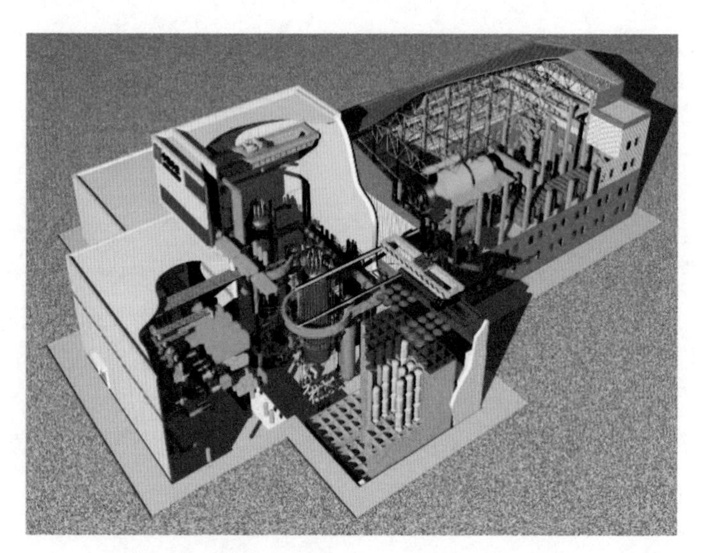

图4-18 高温气冷堆示范工程主要厂房剖视图

表 4-18 高温气冷堆示范工程总体技术参数

参　数	值	参　数	值
机组电功率 / 兆瓦	210	蒸汽发生器出口温度 /℃	570
机组模块数 / 个	2	蒸汽发生器出口压力 / 兆帕	14.1
每个模块热功率 / 兆瓦	250	蒸汽流量 /（吨 / 小时）	671.4
堆芯直径 / 米	3	每个模块平均氦气流量 /（千克 / 秒）	96
堆芯高度 / 米	11	反应堆设计寿命 / 年	40
一回路氦气运行压力 / 兆帕	7	燃料富集度	8.5%
堆芯氦气平均出口温度 /℃	750	电站热效率	40%
堆芯氦气平均入口温度 /℃	250		

第五节 其他先进核能系统

一、世界概况

（一）钍基熔盐堆

熔盐堆是第四代核能系统中唯一的液态燃料堆型，具有高温输出、常压运行、无水冷却等特点，是国际公认的钍资源核能利用的理想堆型，可利于实现核燃料多元化。针对不同应用前景，各国相继发展了包括法国的 MSFR、俄罗斯的 MOSART、日本的 Fuji-MSR、加拿大的 IMSR、英国的 SSR、德国的 DFR 等，并进一步评估其可行性、安全性和经济性等要素。法国提出的 MSFR 采用无石墨慢化、增加径向再生盐、利用快中子能谱等设计，具有非常大的负反馈系数、较大的增殖能力和简单的燃料循环模式。俄罗斯提出采用超铀元素作为燃料的 MOSART 堆，可实现对轻水堆乏燃料的高效嬗变，其堆芯内部无任何固体构件，系统具有内在的动力学稳定性。日本 FUJI-MSR 的概念源于美国的 MSBR 设计，但额定功率较低且不需要在线燃料处理工厂，堆芯剩余反应性较小，运行期间仅需添加少量的熔盐燃料，几乎可以实现核燃料的自持链式循环。

2001 年，美国由橡树岭国家实验室（ORNL）、桑迪亚国家实验室（SNL）和加州大学伯克利分校（UCB）共同提出固态燃料熔盐堆概念，也称为先进高温堆或氟盐冷却高温堆（FHR），其核心特点是使用氟盐冷却和包覆颗粒燃料技术，已完成了包括棱柱形燃料、棒状燃料、球床式、板状燃料等 4 种具体设计。2011 年，美国能源部启动 FHRIRP（Integrated Research Project）计划，以 2009 年 UCB 等提出的 900 兆瓦球床式 FHR 为基准设计，拟定关键问题和解决的技术路线，明确发展战略；2016 年，美国能源部启动先进反应堆项目（ATR），投资支持包括气冷堆和熔盐堆两种四代堆型的前期研发。

近年来一些公司也积极介入和推动熔盐堆的研发，提出了创新性的概念设计，包括美国 Martingale 公司的小型模块化堆 ThorCon、Flibe energy 公司的 LFTR 设计、Transatomic Power 公司的 WAMSR 设计、Terra power 公司的 MCFR 设计、丹麦 Seaborg Technologies 公司的 SwaB 设计等。但迄今为止，仍未有完整的实质性计划，这为我国在这一领域主导业界标准、实现跨越发展提供了宝贵机遇。

（二）超临界水冷堆

在第四代核能系统国际论坛上，SCWR 是唯一入选第四代核能系统开发的水冷堆型。自 21 世纪初开始，一些国家和地区例如欧洲、美国、日本和加拿大等，纷纷在第四代核能系统框架下开始了 SCWR 的研发活动，一方面针对系统的预概念设计和可行性分析，主要包含运行系统、安全系统和堆芯，另一方面研发关键的技术，主要集中在材料和热工水力领域。

根据最新报告，日本已经完成了热中子谱超临界水冷堆的概念设计，正在由东芝公司领头，进入工业应用领域的研究。在快中子谱超临界水冷堆研究方面，日本政府资助了一个项目，由东京大学牵头开展与相关的研究工作。加拿大目前已完成了第一阶段的研究工作，包括预概念设计和相关基础科学研究。除此之外，加拿大还进行了超临界流体传热试验研究、材料腐蚀试验、燃料循环评价和主回路冷却剂特性研究。据悉，目前加拿大已经完成概念设计。在欧洲，欧盟委员会在第五、六框架计划下资助的欧洲超临界轻水堆的第一、二阶段研究计划（HPLWR Phase 1& Phase 2），到目前为止都已完成，并提出了欧洲研究日程和工业发展战略。欧盟现已正式立项，开始 SCWR 核燃料辐照考验回路的设计工作，在 2014 年底基本完成。该回路预计将在捷克 LVR-15 研究堆上建造，据悉建造项目也已得到欧盟相关部门的批准。

根据第四代核能系统国际论坛提出的路线图，当时预期超临界水堆将在 2015 年前后完成关键技术和可行性研究，2022 年前后完成性能研究和示范堆建造，大约 2030 年可以实现商业应用。

（三）加速器驱动次临界系统（ADS）

欧盟各国在其框架协议下，充分利用现有核设施，合作开展相关研究。在以诺贝尔物理学奖获得者 C. Rubbia 教授为首的顾问组领导下，提出和编订了 EUROTRANS 计划，形成 50~100 兆瓦的原理示范装置 XT-ADS 的概念设计；由 16 兆瓦加速器驱动的数百兆瓦嬗变堆的工业废料处理堆 EFIT 的概念设计。其他有代表性的 ADS 研究计划还包括法国的 MUSE 计划、瑞士的 MEGAPIE 计划、德国的 AGATE 计划等。特别值得关注的是欧盟 XT-ADS 的一期计划 MYRRHA 装置，原计划于 2023 年建成运行，曾经是最有可能建成的世界上第一台 ADS 装置，但目前该计划受经费的影响，已严重滞后。美国能源部于 1999 年制订了 ATW 计划，并从 2001 年开始，正式实施 AAA 计划，开展 ADS 相关的研究工作；美国 DOE/NNSA 计划在乌克兰联合建造一个百千瓦级功率的 ADS 集成装置，但由于战争等原因，此计划仍在延迟中；当前 Los Alamos 国家实验室又提出 SMART 计划，研究核废料的嬗变方案。俄罗斯于 1998 年启动 ADS 开发计划，其研究的重点是 ADS 新概念。日本从 1988 年就启动了 OMEGA 计划，日本的强流质子加速器装置 J-PARC，计划也将用于 ADS 的实验研究。此外，韩国和印度等国也都制订了 ADS 研究计划。国际上部分 ADS 装置的设计指标参数参见表 4-19。

表4-19 国际ADS设计参数一览表(部分)

项目		加速器功率/兆瓦	Keff	堆功率/兆瓦	中子通量/[中子/(厘米/秒)]	靶	燃料
欧盟	MYRRHA	2.4(600兆电子伏/4毫安)	0.955	85	10^{15}	铅铋	MOX
	AGATE	6(600兆电子伏/10毫安)	0.95–0.97	100	快, ~10^{15}	钨(气冷)	MOX
	EFIT/Lead	16(800兆电子伏/20毫安)	~0.97	400	快, ~10^{15}	铅(无窗)	MA/MOX
	EFIT/Gas	16(800兆电子伏/20毫安)	0.96	400	快, ~10^{15}	钨(气冷)	MA/MOX
美国	ATW/LBE	100(1吉电子伏/100毫安)	~0.92	500~1000	快, ~10^{15}	铅铋	MA/MOX
	ATW/GAS	16(800兆电子伏/20毫安)	0.96	600	快, ~10^{15}	钨(气冷)	MOX
俄罗斯	INR	0.15(500兆电子伏/10毫安)	0.95–0.97	5	快	钨	MA/MOX
	NWB	3(380兆电子伏/10毫安)	0.95–0.98	100	快, $10^{14\sim15}$	铅铋	UO_2/UN U/MA/Zr
	CSMSR	10(1吉电子伏/10毫安)	0.95	800	中间, 5×10^{15}	铅铋	Np/Pu/MA, 熔盐
日本	JAERI-ADS	27(1.5吉电子伏/18毫安)	0.97	800	快	铅铋	MA/Pu/ZrN
韩国	HYPER	15(1吉电子伏/10~16毫安)	0.98	1000	快	铅铋	MA/Pu

目前国际上的ADS已进入物理过程、关键技术和部件的研究及核能系统集成的概念研究，下一步是建设系统集成装置，以便为最终工业示范装置的建设奠定坚实的技术基础。总体来说，国际上相关系统的科学问题和关键技术研究均有开展，但是还没有系统性的集成研究。

二、中国选择

（一）钍基熔盐堆

2011年中国科学院启动“未来先进核裂变能”战略性先导科技专项——钍基熔盐堆核能系统（TMSR）项目，致力于发展液态燃料和固体燃料两种熔盐堆技术，开展相关技术研发、实验验证与工程示范，项目包括钍基核燃料、熔盐堆和核能综合利用三个子系统。钍基熔盐堆可利于实现钍燃料利用、防止核扩散和核废料最小化，对我国解决核燃料长期稳定供应的重大战略需求和优化核能领域布局具有重要意义。

依托TMSR核能先导专项，已经完成了2兆瓦液态燃料熔盐实验堆和10兆瓦固态燃料熔盐实验堆的概念设计和工程初步设计；完成了关键设备的原理样机和工程样机研制，已经建成TMSR仿真装置（TMSR-SF0），为熔盐实验堆的建成奠定了基础。下一阶段将在熔盐堆设计、关键系统研发、钍铀循环、结构材料和后处理技术等方面进一步开展基础性研究工作，以最终实现钍资源高效利用。

（二）超临界水冷堆

中国2006年全面启动研究工作，

中国计划于2020年建成2兆瓦液态燃料TMSR实验装置（TMSR-LF1）和低碳新能源示范系统，形成支撑未来发展的若干技术研发能力，实现关键材料和设备产业化；发展小型模块化技术，到2025年左右建成国际第一个多功能小型模块化钍基熔盐堆研究设施；到2030年左右全面实现掌握TMSR相关科学与技术，完成TMSR工业示范堆建设和基于TMSR的低碳新能源示范装置建设，开展熔盐堆的商业化推广；到2040年左右建成首座百吨级钍基乏燃料盐干法批处理示范装置和在线部分分离固态裂变产物示范装置，基本实现钍铀核燃料循环（图4-19）。

将SCWR研发规划为5个阶段：基础技术研发、关键技术研发、工程技术研发、工程试验堆设计建造以及标准设计研究，总体目标是完成百万千瓦级超临界水冷堆核电站标准设计，基本具备建造商业化超临界水冷堆核电站的条件。

目前开展了超临界水冷堆基础研究，提出了超临界水冷堆总体技术路线，完成了中国有自主知识产权的百万千瓦级SCWR（CSR1000）总体设计方案。中国独创性开展了双流程结构堆芯和环形元件正方形燃料组件等设计和论证，验证了SCWR结构可行性；建立了三维模型和实体模型，完成了超临界流动传热恶化特性实验与计算流体力学模型研究，为总体设计方案的优化提供了支撑；全面开展了材料筛选，掌握了关键试验技术，构建了试验分析平台和数据库，为工程化应用奠定了基础。按照SCWR研发规划，中国下一步将进入研发第二阶段，即进行关键技术攻关研究，全面掌握超临界水冷堆设计技术和设计方法，完成CSR1000的工程实验堆的设计研究。通过进行堆外实验、材料优化及工程应用堆外性能、燃料元件辐照考验装置设计等关键技术攻关，开展包壳和堆内构件材料入堆辐照研究，为工程设计和工程试验堆设计建造奠定基础。

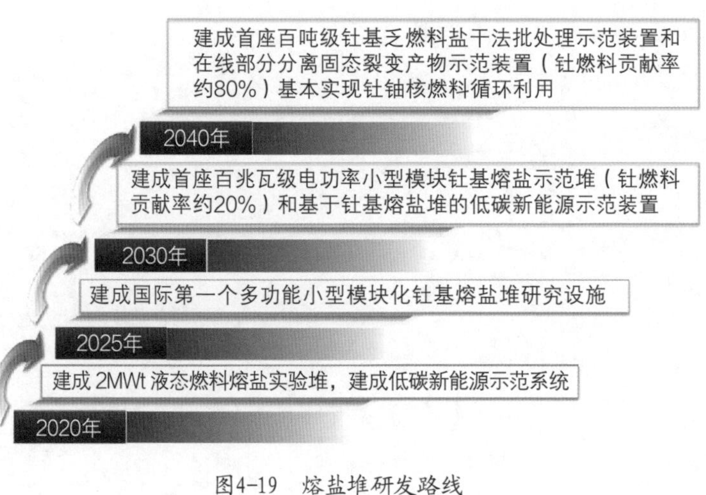

图4-19　熔盐堆研发路线

（三）加速器驱动次临界系统（ADS）

中国科学院根据我国先进核能科学技术发展的重大需求和国内外 ADS 研发进展与发展趋势，从技术可行性出发，提出了中国 ADS 发展路线图（图 4-20）。具体实施分为 3 步：①装置预研阶段（2011—2015 年）。加速器、散裂靶、反应堆关键技术攻关及集成方案研究与系统设计。②研究装置建设阶段（计划2015年启动，开工报告批复后 6 年建成）。建成约 10 兆瓦热集成系统，验证技术路线，开展嬗变试验研究。③工业示范装置建设阶段（2030 年建成）。建成几百兆瓦热的示范装置。完成示范装置后，由企业牵头进行商业推广。

中国科学院战略性先导科技专项“未来先进裂变核能 – 加速器驱动次临界嬗变系统”（简称“ADS 先导专项”）启动以来，在超导直线加速器、重金属散裂靶、次临界反应堆及核能材料等研究方面取得了重要的阶段进展和突破，若干关键技术达到国际先进水平，使中国具备了建设 ADS 集成装置的工程实施基础。

在 ADS 先导专项实施的基础上，针对 ADS 和第四代铅冷快堆（LFR）的技术发展目标和实验要求，完成了具有临界和加速器驱动次临界双模式运行能力的 10 兆瓦中国铅基研究堆详细方案设计设计；建成了系列铅铋回路实验平台，开展了冷却剂技术、关键设备、结构材料与燃料、反应堆运行与控制技术等铅基堆关键技术研发；正在开展铅基堆工程技术集成试验装置、铅基堆零功率物理试验装置、铅基数字反应堆的建设，以及开展铅基堆关键设备和运行技术集成测试和验证。

铅基反应堆具有重要发展前景，具体包含核废料嬗变、核燃料增殖、能量生产等，同时铅基堆可以作为钠冷快堆的另一发展选项。

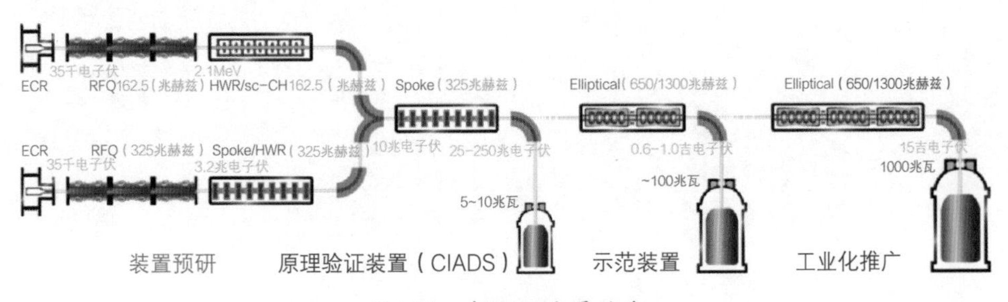

图4-20　中国ADS发展路线

第五章

人类最终能源——核聚变能源系统发展预测

第一节 世界概况

磁约束核聚变研究的最有力竞争者——托卡马克，是一种利用磁约束来实现受控核聚变的环形容器。它的名字 Tokamak 来源于俄语“环形、真空室、磁、线圈”的词头组成。它是在 20 世纪 50 年代由位于苏联莫斯科的库尔恰托夫研究所的阿齐莫维齐等人设计建设的。

一、托卡马克装置

1982 年，在德国 ASDEX 托卡马克装置上首次发现高约束放电模式。1984 年，欧洲 JET 装置上等离子体电流达到 3.7 兆安，并能够维持数秒。1986 年，美国普林斯顿的 TFTR 利用 16 兆瓦大功率氘中性束注入，获得了中心离子温度 2 亿度的等离子体，同时产生了 10 千瓦的聚变功率，其中子产额达到每秒每立方厘米 10^{16} 个中子。这些显著进展，使得人们开始尝试获取氘 - 氚聚变能（图 5-1）。1997 年，JET 利用 25 兆瓦辅助加热手段，获得了聚变功率 16.1 兆瓦，即聚变能 21.7 兆焦的世界最高纪录，由于当时密度太低，能量尚不能得失相当，能量增益因子 Q 小于 1。此后，日本的 JT-60U 装置（JT-60 的升级装置）也取得了受控核聚变研究的最好成绩，获得了聚变反应堆级的等离子体参数：峰值离子温度约 45 千电子伏（约 4.5×10^{8} 开），电子温度 10 千电子伏（约 1×10^{8} 开），等离子体密度约 10^{20} 米 $^{-3}$；标志聚变等离子体综合参数的聚变三重积 ~1.5×10^{21} 千电子伏 · 秒 · 米 $^{-3}$；聚变能

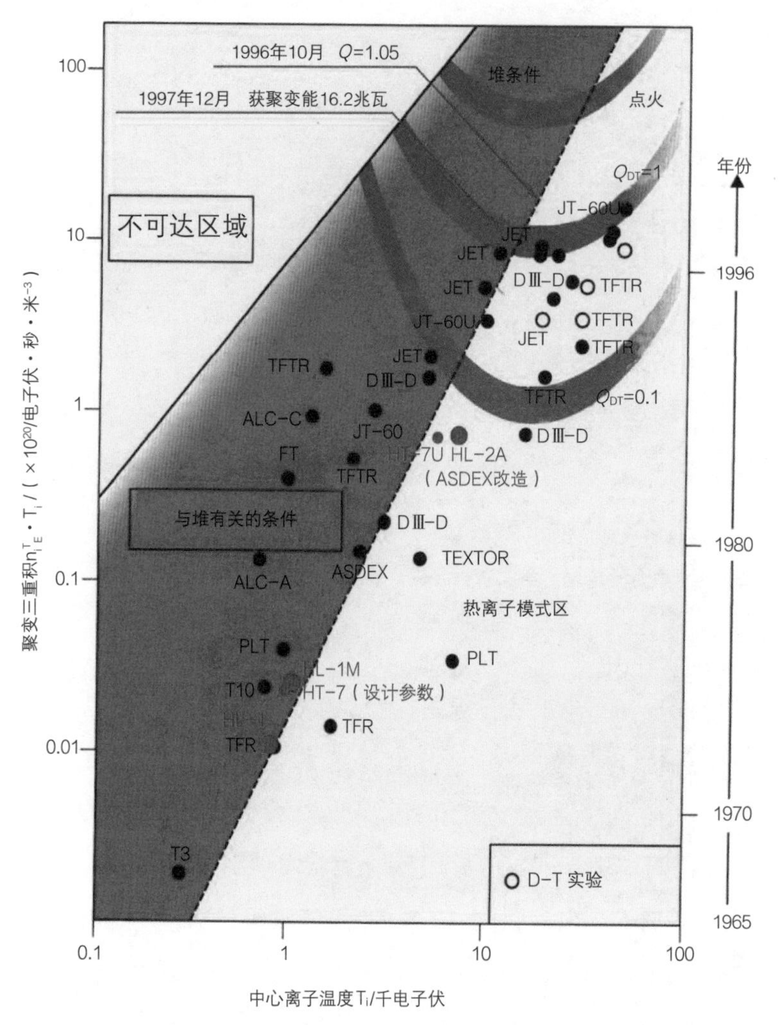

图5-1 磁约束核聚变进展

输出与输入之比 *Q* 值大于 1.25 即有净能量输出。除上述三大托卡马克外，美国的 DⅢ-D 和德国的 ASDEX-U 等托卡马克装置，同样为提高先进托卡马克的研究水平做出了突出贡献。

以欧洲联合环（Joint European Torus，JET）、美国托卡马克聚变试验堆（Tokamak Fusion Test Reactor，TFTR）、日本原子能研究所托卡马克-60（JAERI Tokamak-60，JT-60）等托卡马克装置为代表的磁约束聚变研究取得的突破性进展宣告了以托卡马克为代表的磁约束核聚变研究的堆芯等离子体科学可行性在实验上已经得到了证实，已经奠定有可能考虑建造聚变能实验堆，创造研究大规模核聚变的条件。

美国托卡马克聚变试验堆 TFTR 装置于 1982 年建成并投入运行，造价 3.14 亿美元，成为当时正在建造的新一代聚变研究装置中第一个开始运行的装置，于 1996 年关闭。1986 年，TFTR 创下了等离子体温度和产生的聚变功率的世界纪录。1993 年 12 月 9—10 日，美国在 TFTR 装置上使用氘、氚各 50%的混合燃料，使温度达到 3×10^8~4×10^8 开，两次实验释放的聚变能分别为 3 兆瓦和 5.6 兆瓦，能量增益因子 Q 值达到 0.28（图 5–2）。

图5-2 TFTR托卡马克装置

另外，美国的双流器Ⅲ –D 形截面托卡马克（Doublet Ⅲ –Device，D Ⅲ –D）装置于 1986 年 2 月建成并运行，是目前世界上运行最好、磁约束聚变和非圆截面等离子体物理研究最先进的大型实验装置。D Ⅲ –D 是目前还在运行中的世界第三大托卡马克装置（另外两个分别为欧盟的 JET 和日本的 JT–60U）。在该装置上发现了平均比压超过 13% 的稳定位形，在改善约束研究中，先后发现非常高约束

图5-3　美国DⅢ-D托卡马克装置

模（VH 模），中心负剪切模（NCS），在加热物理和电流驱动物理研究的很多领域的工作具有独特贡献。DⅢ-D 不仅开创了改善等离子体性能的等离子体放电位形，而且开创了分布控制。DⅢ-D 对目前的 ITER 设计做出了重要贡献，包括位形、破裂减缓系统、MHD 稳定性控制和 ITER 先进运行模式。稳定性研究为高 β 和超出自由边界限值的运行奠定了基础，也为电子回旋电流驱动撕裂模致稳的常规运行奠定了基础。发现剪切流在形成输运垒过程中的重要作用，实现了在整个等离子体截面的新经典离子约束（图 5-3）。

2015 年，美国通用原子公司（GA）和美国能源部普林斯顿等离子体物理实验室（PPPL）的科研人员，在如何控制聚变反应堆中潜在的破坏性热破裂上取得了重大突破。科学家们在 DⅢ-D 装置上开展了相关的试验。研究结果成为预测如何控制包括 ITER 在内的未来聚变装置热破裂的非常关键的一步。

自 1983 年欧洲联合环 JET 投入运行以来，JET 一直是世界核聚变研究的核心（图 5-4）。JET 作为欧洲最大的托卡马克装置在聚变三重积上屡创世界纪录，且在 1991 年首次进行氘氚（D-T）核聚变实验，并产生巨大的功率，达到 1.7 兆瓦的聚变功率输出，基本上证实了地球上受控核聚变作为先进能源的科学可行性，树立了人类聚变研究史上的一个里程碑。1994 年，在改善约束研究方面取得了新进展，发现了中心负剪切模（CNS），对未来的核聚变反应堆设计及寻求先进托卡马克约束位形具有重要参考意义；还进行了较低参数下的长脉冲实验（1

兆安，2分钟）。1997年达到聚变输出功率16.1兆瓦。对未来聚变更为重要的是，JET实现了一系列构成外推至ITER基础的高约束模4兆瓦静态等离子体注入，持续时间为5秒。2009年后，JET经历了多次升级改造。目前，JET配置了一个仿ITER第一壁（铍壁）、一个仿ITER钨偏滤器和升级改造的加热系统。它的核心地位超越了从前。如今，JET更像是一个仿ITER装置，将继续为ITER运行必须解决的重大问题提供答案。2014年9月，欧盟与英国卡拉姆聚变能研究中心签署了价值2.83亿美元的合同，为JET提供了至2018年的经费保障。目前，JET是唯一获得许可开展氚实验的运行装置，科学家们希望验证能够从氘等离子体观察的现象外推到氘－氚等离子体，JET氘－氚实验的反馈对验证ITER现象具有决定性的意义，为科学家参与ITER运行做好准备。

图5-4 欧洲联合环JET托卡马克装置

日本原子能研究所的托卡马克装置JT-60是以实现临界等离子体条件（能量倍增系数超过1.0）为目的的大型托卡马克点火装置，是世界三大托卡马克（TFTR、JET、JT-60）之一（图5-5），1985年4月8日运行并产生第一个等离子体。1989—1991年，JT-60改造升级为JT-60U。JT-60在大型核聚变装置的设计、制作技术以及加热装置、真空表面、诊断、电源等技术开发上取得了众多的成果。这一系列技术成果为下阶段聚变装置的建造以及核聚变技术的工业运用奠定了良好的基础，开拓了广阔的前景。1995年11月，JT-60成功达到临界等离子体条件。1997年12月，在JT-60上成功进行了氘－氘反应实验，折算到氘－氚反应，Q值

图5-5　日本JT-60托卡马克装置

可以达到1.00；后来，Q值又超过了1.25。此后，1998年，JT-60U装置取得了受控核聚变研究的最好成绩。这一系列技术成果为下阶段装置的建造以及核聚变技术的工业运用奠定了良好的基础，开拓了广阔的前景。1995年11月，JT-60成功达到临界等离子体条件。1997年12月，在JT-60上成功进行了氘-氚反应实验，折算到氘-氚反应，Q值可以达到1.00；后来，Q值又超过了1.25。此后，1998年，JT-60U装置取得了受控核聚变研究的最好成绩，获得了聚变反应堆级的等离子体参数：峰值离子温度45千电子伏，电子温度10千电子伏，等离子体密度10^{20}/米^3，聚变三重积1.53×10^{21}千电子伏·秒·米^3；等效能量增益因子大于1.3。JT-60装置模拟ITER运行，将与ITER相当的高性能等离子体维持了28秒，进一步验证了达到ITER技术目标的可行性。

韩国超导托卡马克先进反应堆（Korea Superconducting Tokamak Advanced Research，KSTAR）装置是世界上第一个采用新型超导磁体（Nb3Sn）材料产生磁场的先进超导托卡马克聚变装置。2008年，KSTAR投入运行并成功产生初始等离子体。2009年12月，KSTAR在1×10^7开的温度下成功获得了电流为320千安的等离子体放电，持续时间约3.6秒，这一成果达到KSTAR设计性能的30%。

此后，KSTAR 成功实现了 2×10^7 开的等离子体温度，并将其稳定维持了 6 秒，并且成功探测到氘－氘聚变反应生成的带有 2.45 兆电子伏级能量的中子。2010 年 11 月，KSTAR 比预计时间提前一年首次实现 H 模。2016 年，KSTAR 使用高能中子束，在被称为“高极向 β 状态”的全非感应运行模式下，实现了长时间的稳态运行。高性能等离子体运行时间长达 70 秒，打破了新的等离子体约束时间的世界纪录。这一新的世界纪录是采用高功率中性束并结合其他一些技术实现的，包括 3D 旋转场，以便减少面向等离子体部件上累积的热通量。高性能等离子体运行时间超过 1 分钟的世界纪录，证明 KSTAR 已处于超导装置中稳态等离子体运行技术的最前沿。这是实现聚变反应堆的一大进步（图 5–6）。

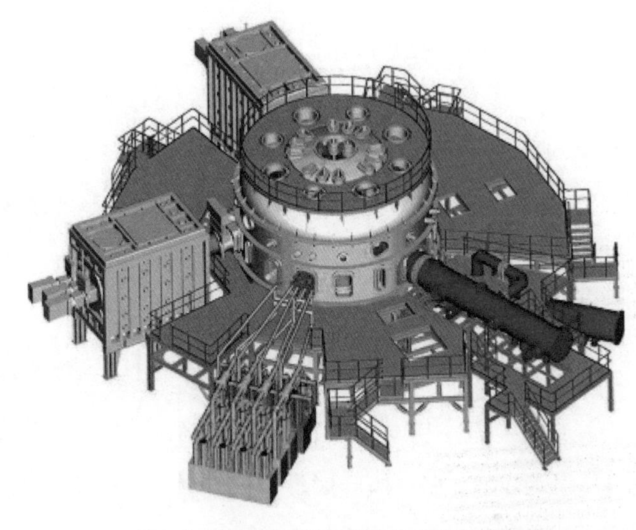

图5-6 韩国KSTAR全超导托卡马克装置

除上述装置外，目前各国还在运行实验中的磁约束核聚变装置有法国 WEST 托卡马克装置（在 Tore Supra 装置基础上改进而成）、意大利 FTU（弗拉斯卡蒂托卡马克改造升级装置）、美国国家球形环实验升级装置 NSTX–U、德国仿星器核聚变实验装置 W7–X、日本仿星器核聚变实验装置 LHD（大型螺旋器）、印度 ADITYA 托卡马克装置和 SST–1 稳态超导托卡马克装置。正在建造或即将投入运行的磁约束聚变装置有英国卡拉姆聚变能研究中心的托卡马克升级装置 MAST–U、俄罗斯 T–15MD 紧凑型托卡马克装置及日本大型全超导托卡马克装置 JT–60SA。

二、国际大科学工程 ITER 计划

在通向聚变能商业化的道路上，实验堆的建造是不可逾越的阶段。近 50 年的世界性研究和探索使托卡马克途径的热核聚变研究已基本趋于成熟。但是，在达到商用目标之前，基于托卡马克的聚变能研究和开发计划还有一些科学和技术问题需要进一步探索。随着国际上众多大中型托卡马克的巨大进展，为了验证托卡马克能够实现长时间的聚变能输出，解决聚变堆最重要、最关键的工程技术问题以及适应未来高效、紧凑和稳态运行的商业堆的要求，欧盟、美国、俄罗斯、日本、中国、韩国和印度等世界主要核聚变研究国家和机构开始联合实施国际热核聚变实验堆（International Thermonuclear Experimental Reactor，ITER）建造计划。而 ITER 计划开始实施，标志着托卡马克磁约束聚变能研究由基础性研究进入了以验证工程可行性为主要目标的实验堆研究阶段（图 5–7）。

在拉丁语中，“ITER” 的含义为“路”，寓意未来能源发展之路。ITER 计划将集成当今国际受控磁约束核聚变研究的主要科学和技术成果，第一次在地球上实现能与未来实用聚变堆规模相比拟的受控热核聚变实验堆，解决通向聚变电站的关键问题，其目标是全面验证聚变能源和平利用的科学可行性和工程可行性。更为重要的是，ITER 取得的研究成果和经验将有助于建造一个用聚变发电的示范反应堆，示范堆的顺利运行将有可能使核聚变能商业化，因此 ITER 计划是人类研究和利用聚变能的一个重要转折，是人类受控热核聚变研究走向实用的关键一步。ITER 计划是一次人类共同的科学探险。参加 ITER 计划的七方总人口大约占世界的一半以上，几乎囊括了所有的核大国，集中了全球顶尖科学家的智慧。各国共同出资参与 ITER 计划，共同承担风险，在政治上也体现了各国在开发未来能源上的坚定立场，使其成为一个大型国际科学工程。因此，ITER 计划绝对不仅仅意味着各国共同出资建造一个装置，它的成功实施具有重大的政治意义和深远的战略意义。各参与方通过参加 ITER 计划，承担制造 ITER 装置部件，可同时享受 ITER 计

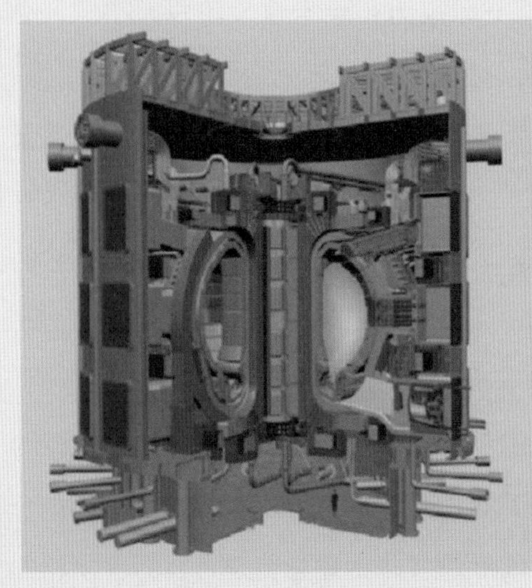

图5-7 ITER装置剖面图及参数

划所有的知识产权，在为 ITER 计划做出相应贡献的同时，并有可能在合作过程中全面掌握聚变实验堆的技术，达到其参加 ITER 计划总的目的。参与方各国尤其是包括中国在内的发展中国家，通过派出科学家到 ITER 工作，可以学到包括大型科研的组织管理等很多有益的经验，并在较短的时间内大幅提高国家聚变研究整体知识水平和技术能力，从而拉近与其他先进国家的距离。同时，再配合独自进行的，必要的基础研究、聚变反应堆材料研究、技术研究等，则有可能在较短时间内，用较小投资使所在国的核聚变能源研究水平进入世界前沿，为下一步自主开展核聚变示范电站的研发奠定基础，确保约 20 年后，拥有独立的设计、建造聚变示范堆的技术力量和聚变工业发展体系。这也是各参与方参加 ITER 计划的最主要目标之一。

ITER 的总体科学目标是：以稳态为最终目标，证明受控 $Q \geqslant 10$ 的氘－氚等离子体的持续燃烧；在核聚变综合系统中验证反应堆相关的重要技术；对聚变能和平利用所需要的高热通量和核辐照部件进行综合试验。ITER 的工程技术目标：①演示主要聚变技术的可用性和集成性；②为将来的聚变堆试验部件；③试验氚增殖模块概念。ITER 工程技术目标的实现将为研究和发展用于示范聚变堆（DEMO）、商用聚变堆的各种技术奠定可靠的科学和技术基础。

ITER计划分三个阶段进行：第一阶段为实验堆建设阶段，2007—2025年；第二阶段为热核聚变运行实验阶段，持续20年，其间将验证核聚变燃料的性能、实验堆所使用材料的可靠性、核聚变堆的可开发性等，为大规模商业开发聚变能进行科学和技术认证；第三阶段为实验堆退役阶段，历时5年。ITER具体的科学计划是：通过感应驱动获得聚变功率500兆瓦、Q大于10、脉冲时间500秒的燃烧等离子体；在第二阶段，通过非感应驱动等离子体电流，产生聚变功率大于350兆瓦、Q大于5、燃烧时间持续3000秒的等离子体，研究燃烧等离子体的稳态运行，这种高性能的先进燃烧等离子体是建造托卡马克型商用聚变堆所必需的。如果约束条件允许，将探索Q大于30的稳态临界点火的燃烧等离子体（不排除点火）。

ITER计划科学目标的实现将为商用聚变堆的建造奠定可靠的科学和工程技术基础。ITER计划的另一重要目标是通过建立和维持氘－氚燃烧等离子体，检验和实现各种聚变工程技术的集成，并进一步研究和发展能直接用于商用聚变堆的相关技术。因此，ITER也是磁约束聚变技术发展的重要阶段。ITER计划在技术上的其他重要任务包括：检验各个部件在聚变环境下的性能，包括辐照损伤、高热负荷、大电动力的冲击等，以及发展实时、本地的大规模制氚技术等。上述工作是设计与建造商用聚变堆之前必须完成的，而且只能在ITER上开展。国际上对ITER计划的主流看法是：建造和运行ITER的科学和工程技术基础已经具备，成功的把握较大；再经过示范堆、原型堆核电站阶段，聚变能商业化应用可在2049年左右实现。ITER计划是目前为止全球规模最大、影响最深远的国际合作项目之一。随着ITER计划的顺利实施，在过去的几年里，国际磁约束聚变主要围绕未来ITER科学实验所可能涉及的重大科学问题开展理论和试验研究，同时继续开发建设ITER所需的重大技术，开展大规模的装置建设等工作。ITER装置不仅集成了国际聚变能源研究的最新成果，而且综合了当今世界相关领域的一些顶尖技术，例如大型超导磁体技术、中能高流强加速器技术、连续大功率微波技术、复杂的远程控制技术、反应堆材料、实验包层、大型低温技术、氚工艺、先进诊断技术、大型电源技术及核聚变安全等。这些技术不但是未来聚变电站所必需的，而且能对世界各国工业、社会经济发展起到重大推进作用。ITER 的建设、运行和实验研究是人类发展聚变能源的必要环节，有可能将直接决定聚变示范电站（DEMO）的设计和建设，并推进商用聚变电站实现的进程。随着 ITER 计划的启动，国际聚变界的普遍共识是：由于对 ITER 七大部件已在过去的十多年中做了大量的研发，成功建设 ITER 已无工程上的障碍，但是能否顺利实现 ITER 的科学目标依然有一定的风险和不确定性，需要在未来 ITER 科学实验中开展研究。

三、惯性约束

惯性约束聚变（ICF）是利用激光或者是激光与物质相互作用产生的 x 射线作驱动源，均匀地作用于装填氘氚燃料的微型球状靶丸外壳表面，形成高温高压等离子体，利用反冲压力，使靶的外壳极快地向心运动，压缩氘 – 氚主燃料层到几百克质量每立方厘米的极高密度，并使局部氘 – 氚区域形成高温高密度热板，达到点火条件并进行充分的热核燃烧。

1964 年，王淦昌院士提出利用激光打靶产生中子的建议。作为受控核聚变的另一种方式，20 世纪 70 年代初，美国劳伦斯・利弗莫尔实验室的科学家提出了激光惯性约束核聚变的具体方案，并开展了大量的研究工作。80 年代以来，各国科学家解决了大量技术难题，先后建立了一批不同规模的激光驱动器，如美国劳伦斯・利弗莫尔实验室在钕玻璃激光器 NOVA 上成功地进行了一系列靶物理研究。随后，包括中国在内的世界各国积极地开展了激光驱动器的改进和升级。除了激光驱动外，欧洲的射频直线加速器和美国的感应直线加速器也在不断发展中。

目前世界上有三大激光装置，包括美国的劳伦斯・利弗莫尔国家实验室百万焦耳级的国家点火装置（NIF，图5–8）、法国波尔多附近的激光兆焦耳装置（LMJ）以及中国的神光 – Ⅲ。它们都将用于惯性约束核聚变在实验室条件下的可行性研究，包括大量靶物理研究、驱动器研究、制靶技术研究和各种点火方式研究等，目标是在不久的将来实现点火演示。

图5-8 美国国家点火装置NIF

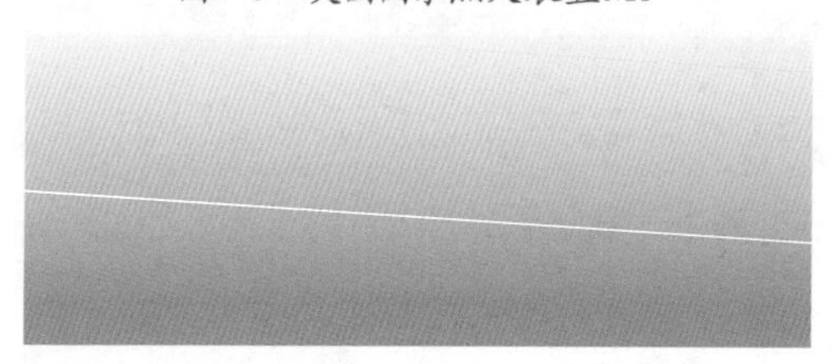

美国国家点火装置（NIF）在2012年7月5日实现了输出功率创历史纪录的激光打靶：192路光束向靶传输了波长为0.35微米、输出能量达1.85兆焦、功率超过500太瓦。法国的兆焦耳装置（LMJ），其能量输出目标与NIF相同，原计划于2017年开始首次点火实验，但因多种原因该装置的建设步伐已显著放缓。

2005年，为了确保NIF实现点火，美国国家核安全局（NNSA）实施了国家点火攻关计划（NIC）。NIC于2012年11月30日正式结束。总体上，NIC计划在物理实验方面的进展是显著的，辐射温度和辐照对称性等腔物理指标的实验表征结果达到了设计目标，内爆速度、热斑压力、主燃料密度和面密度等与聚变燃料条件相关的指标接近设计目标，内爆的中子产额高达5×10^{14}~9×10^{14}个。NIC计划的两项关键目标：演示有限的α粒子加热和增益为1的实验室点火，并未实现。

激光惯性约束核聚变技术主要通过惯性约束核聚变的方式来构架大功率的激光器阵列，再通过激光功率合束技术，最终可获得定向发射的高能激光束。同普通激光器阵列不同的是，这种新型的激光器阵列采用的是新一代小型化固态激光发生器而不是普通的大型化学激光发生器。因此，该项目在军事方面将会有十分广阔的运用前景。基于该技术，美国就开发出高能的激光反导和反卫星技术。

惯性约束聚变面临的主要问题是，要实现点火和燃烧，需要等离子体压力提高。高密度需要高度对称的高收缩比压缩；同时只有高度对称的压缩物质的惯性（动能）才能有效地转化为氘－氚等离子体的内能，同时达到点火需要的温度和密度。从NIF装置点火物理实验分析看，制约实现点火的两大原因是内爆不对称和混合严重。驱动器能量是制约激光聚变研究的一个重要因素。如果驱动器能量能够提高，则实现激光聚变点火的难度将会实质性地下降。

四、世界主要聚变研究国家聚变发展路线图

国际磁约束聚变研究当前的前沿问题包括：燃烧等离子体物理、先进托卡马克稳定运行和可靠控制、ITER/DEMO工况下的等离子体与材料的相互作用、长脉冲和稳态条件下的物理和技术、聚变等离子体性能的预测、反应堆核环境条件下的材料和部件、示范堆的集成设计。急需解决的科学和技术问题包括：托卡马克主要物理过程研究、先进托卡马克运行模式探索、长脉冲条件下的物理和技术、ITER/DEMO等离子体条件下的等离子体与材料的相互作用、聚变等离子体性能的预测、聚变实验/示范堆的集成设计、反应堆核环境条件下的材料和部件。

因此，在2025年ITER正式建成投入运行之前，世界上各主要聚变研究国家将配合ITER的建造，在氚自持、诊断、约束与输运、磁流体和破裂与控制、高能量粒子物理、台基和边缘物理、刮削层和偏滤器、集成运行方案等方面开展实验与研究，这也是目前磁约束聚变科学的主要研究方向。

根据欧盟核聚变研究规划的发展战略，JET 装置之后要建造和运行下一个欧洲联合环（NET，下一代欧洲联合环）和一个示范动力堆（DEMO）。NET 主要目标是达到长脉冲运行下的热核点火，为建造电功率接近将来商用电功率的示范堆（DEMO）提供基本数据。同时重点开展国际聚变材料辐照设施 IFMIF 的研究，这是为了研究聚变电站和 DEMO 堆使用何种材料而开展的一项有意义的工作。欧洲在未来 30 年计划解决托卡马克聚变堆的稳态运行、燃烧等离子体物理和聚变堆材料等关键问题。目标是 30 年后建成发电量大于 1 吉瓦与裂变电站性能可比的稳态聚变示范电站（图 5–9）。

美国是磁约束核聚变研究最发达的国家，但由于美国是能源储备最强的国家之一，因此对聚变能源的需求目前并不强烈。与欧洲相比，美国最大的不同是长期以来将聚变研究作为科学研究计划，不是能源开发计划。其聚变研究开发目标是将于 30 年后将建成发电量大于 100 万千瓦、与裂变电站性能可比的稳态聚变示范电站，同时兼顾国防和太空战略等其他用途，因而准备花费的时间更长。

为解决从 ITER 到 DEMO 之间存在的众多技术上的差距，美国制定了聚变核科

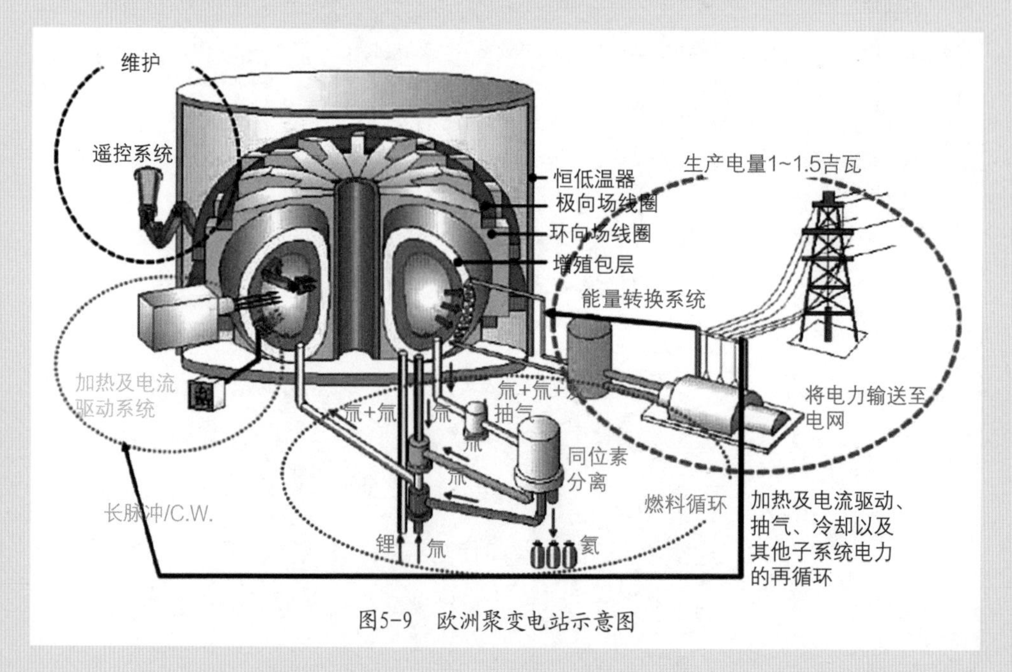

图5–9　欧洲聚变电站示意图

学研究大纲（FNSP）并提出建造 FNSF（聚变核科学研究设施）的设想，由美国通用原子能公司和橡树岭国家实验室共同研发。FNSF 作为 ITER 之后进一步提高各种性能指标的全面补充。美国认为它是 ITER 之后下一步通往 DEMO 的桥梁装置。FNSP 和 FNSF 几乎可以弥补 ITER 和 DEMO 之间所有的差距。FNSF 有两个可供选择的候选方案（图 5-10）：先进 FNSF-AT（FDF）和稳态 FNSF-ST（ST-CTF）。FNSF-AT 被看作一个紧凑的中等尺寸的准 DEMO 堆，中子通量为 ITER 的 10 倍，氚增殖率大于 1，仅使用适当数量的氚燃料。

日本对聚变的投入较大。日本是资源贫乏的国家，因而对聚变能有紧迫的需求（图 5-11）。2007 年，在日本政府公布的第三期科学技术基本计划中，核聚变被定位为重点科学技术课题。日本在参加 ITER 的同时，正在将现有装置 JT-60 改造为大型超导托卡马克装置 JT-60SA，拟将 JT-60SA 作为 ITER 的卫星装置，开展燃烧等离子体的物理实验解决 ITER 向 DEMO 过渡之间必须解决的关键物理和工程技术问题等，尤其是先进高约束运行的问题。

DEMO-CREST 是日本研发中的发电验证示范堆，尚处于概念研发阶段。由日本电力中央研究所日本原子能研究开发机构负责研发。日本设想的托卡马克示范堆

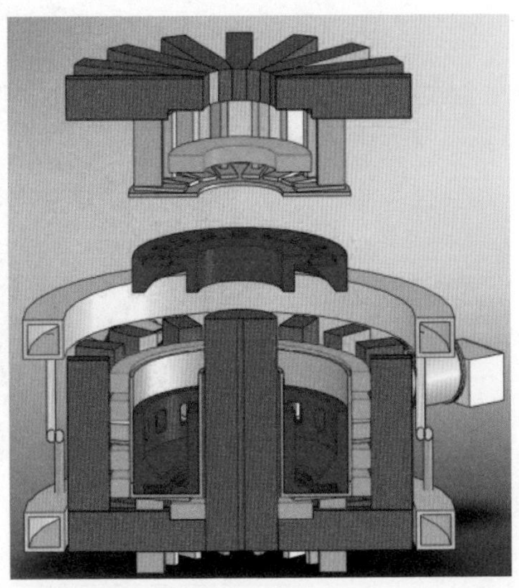

图5-10 FNSF装置的两个候选方案

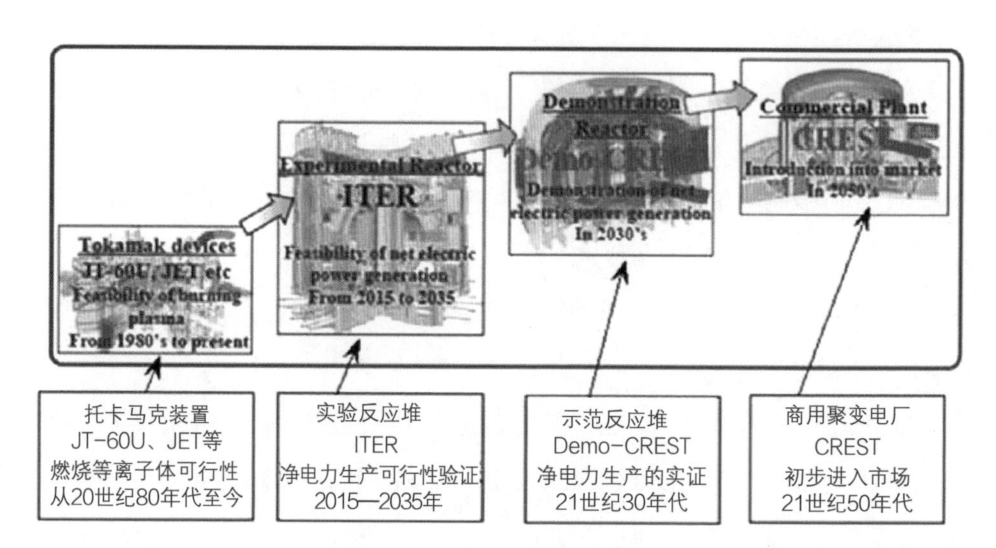

图5-11　日本聚变发展路线图

的堆芯尺寸基本与ITER相同，并具备吉瓦（10^9瓦）级的发电能力。该示范堆考虑可连续运行1年左右，同时需要很高的装置效率、输电端较高的输出功率稳定性及综合氚增值率（TBR）超过1。图5-12、图5-13分别是DEMO-CREST鸟瞰图、CREST鸟瞰图。DEMO-CREST考虑通过包层模块的大型化，提高中子利用效率

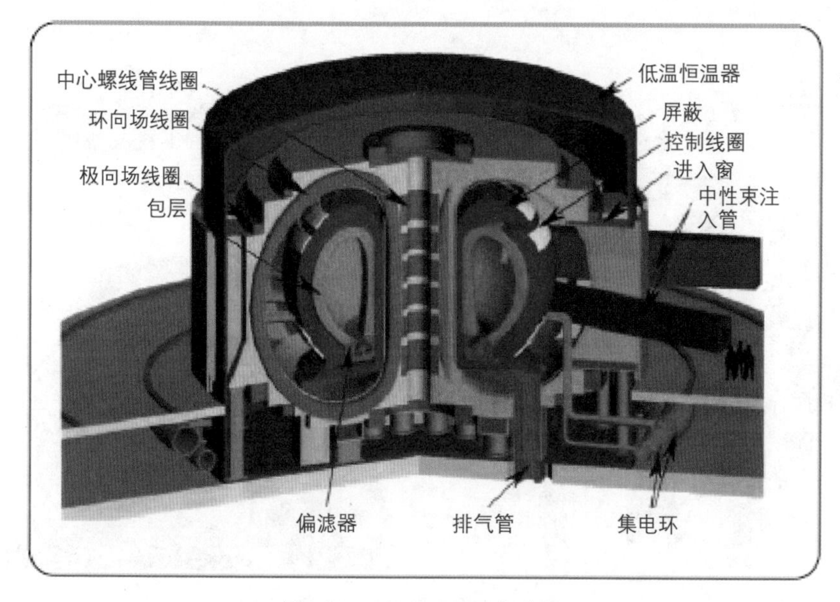

图5-12　DEMO-CREST鸟瞰图

而获得高的氚增殖率。日本提出的方案提出了针对这种大型包层的交换手段(包层做成集成块式，可抽出旧的，塞进新的)，由此可缩短维护时间，并能实现能抗中子负荷强度的高效率包层交换，其目的是通过这种改进，生成需要的氚燃料并提高堆内设备的维护性能，实现示范堆的稳定运行。

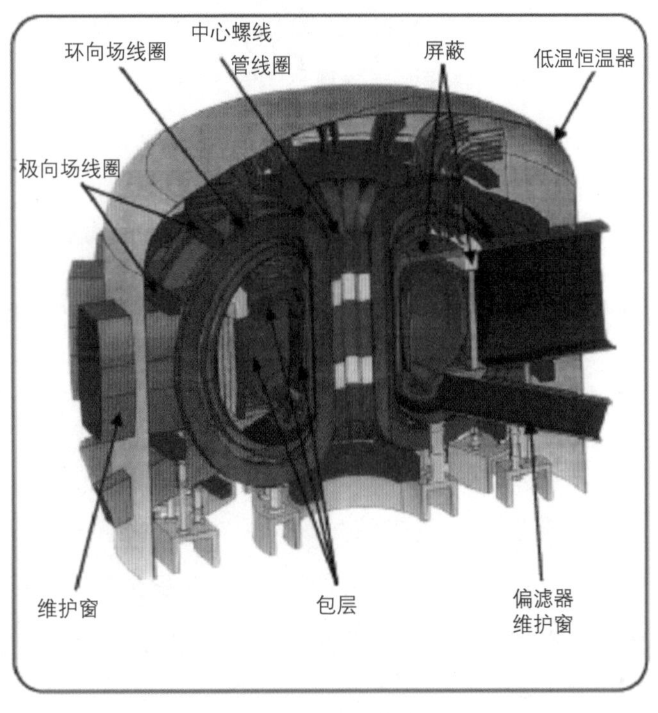

图5-13 CREST鸟瞰图

俄罗斯也是从事聚变研究较早的国家之一(图 5-14)，T-3 装置是世界上第一个获得高品质约束性能(毫秒量级，温度达到 1 千电子伏)的托卡马克，T-7 是世界上第一个超导托卡马克，T-15 是世界上最大的超导托卡马克。在核聚变工程技术方面，俄罗斯仍然保

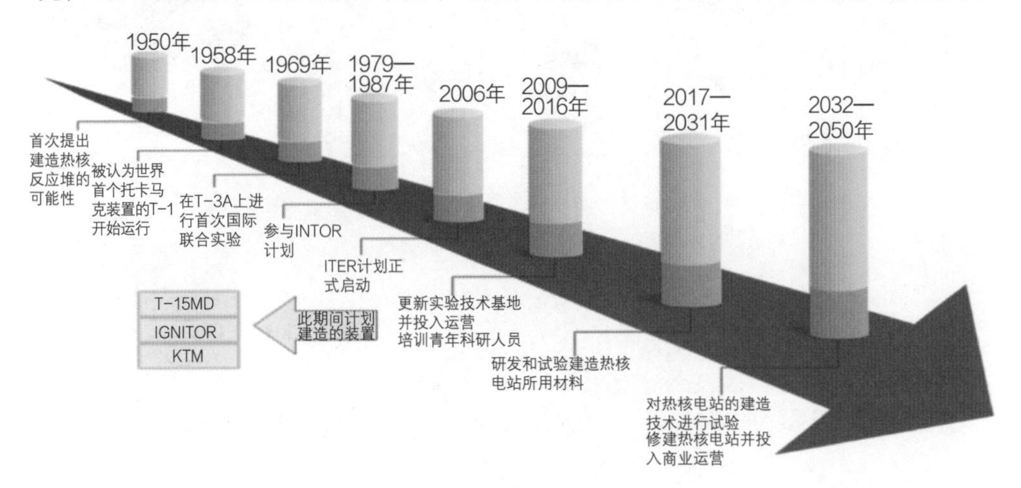

图5-14 俄罗斯聚变发展路线图

持着目前较领先的水平。2010 年 5 月，俄罗斯和意大利签署协议共同建造点火器 Ignitor，这个强磁场的装置概念实际上源自 20 世纪 70 年代。俄罗斯还同哈萨克斯坦联合研制 KTM 装置。

韩国的基本计划是用目前正在运行的大型超导托卡马克装置 KSTAR 过渡到 ITER，再过渡到 DEMO（2030 年），在 2040 年建造聚变电站（图 5-15）。其中 DEMO 的设计将从 2020 年开始。可以看出，DEMO 的设计建造周期是 10 年，其聚变电站的设计和建造也是 10 年。

韩国聚变堆示范装置 K-DEMO（Korea Demonstration Reactor）是韩国实现商用聚变电站前的最后一步。韩国是世界上第一个为聚变能源发展制定法律基础的国家。2008 年韩国政府颁布聚变能源开发促进法（FEDPL），表明韩国 DEMO 发展迈出了决定性的一步。在此框架内，韩国政府于 2012 年底启动了本国聚变堆示范装置的研发计划项目，已与美国 PPPL 达成协议，由韩国大田国家

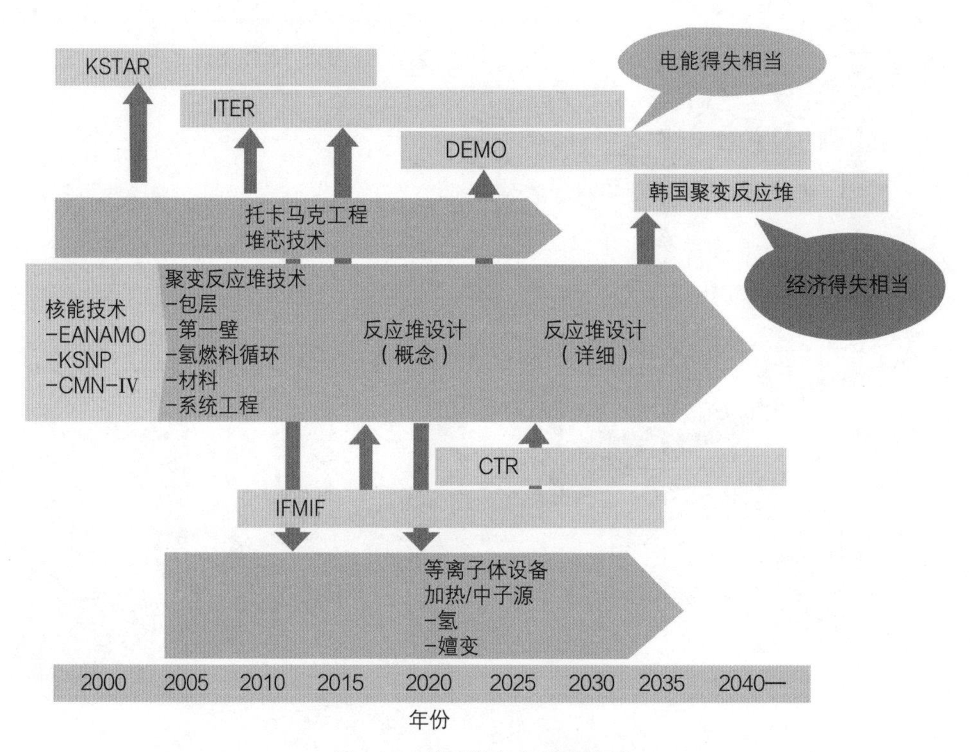

图5-15　韩国聚变发展路线图

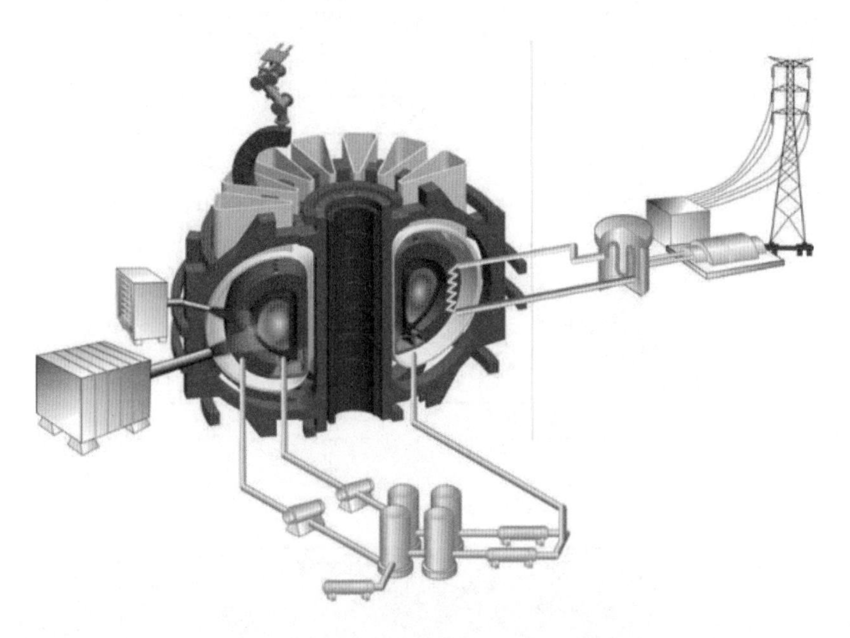

图5-16　韩国聚变堆示范装置K-DEMO概念图

核聚变研究所与 PPPL 合作进行韩国聚变堆示范装置 K-DEMO 的概念设计（图 5-16）。K-DEMO 设定的最终建成时间在 2037 年底之前，预计投资 9.41 亿美元。K-DEMO 项目分为两个阶段。第一阶段，称为 K-DEMO-1，为部件开发研制阶段；第二阶段，称为 K-DEMO-2，为部件利用阶段，产生聚变能并发电。应当在完成整个 K-DEMO 项目之后建造商业聚变电站。

K-DEMO 第一运行阶段的部件测试设施，从 2037 年运行到 2049 年左右。第二运行阶段，计划于 2049 年左右启动，为了全稳态运行和发电，将更换大部分内室部件。在技术与性能上，K-DEMO 距离商业聚变电站仅一步之遥。

印度作为仅次于中国的发展中国家第二大聚变研究大国，在国际聚变界有可能会发挥更重要的作用。印度的计划是从目前的 SST-1 过渡到 ITER，在 ITER 工程建造和实验的同时代建造 SST-2 开展国内研究，在 2037 年建成 DEMO，在 2049 年左右建成聚变电站，到 2060 年建造 2 个 1 吉瓦的聚变电站（图 5-17）。

印度 -DEMO 堆的目的是在 Q 约为 30 的情况下产生 1 吉瓦以上的聚变功率；装置工作因子最初约 30%，最后将达到 60%。使用期限预计为 40 年。在 DEMO

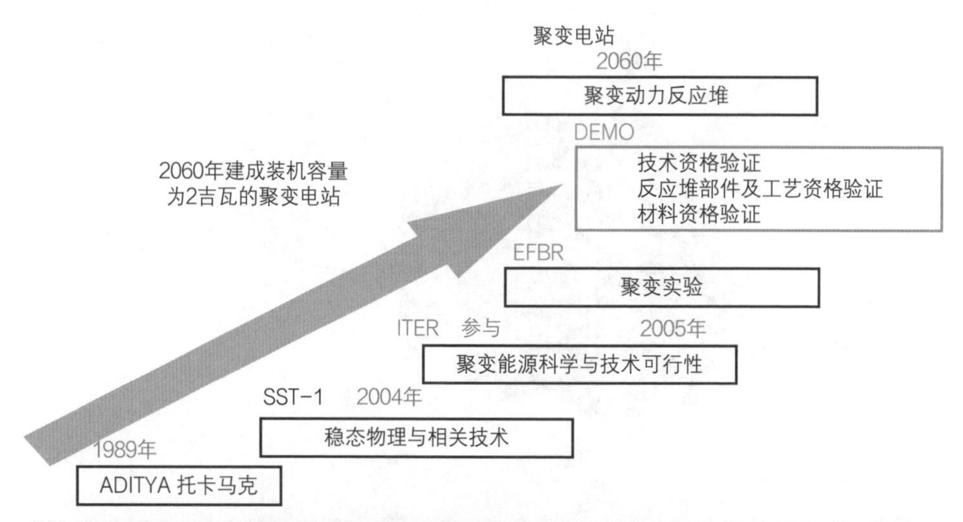

2004—2022年	运行SST-1，进行稳态物理和相关技术研究
	参与ITER，证明聚变能源的科学和技术可行性，派大量人员到ITER学习和工作
	建造聚变功率达1吉瓦的EFBR，实现氚自持
2022年	建成SST-2
2037年	建成聚变功率达3.3 吉瓦的印度示范堆（India DEMO），进行技术资格验证、反应堆部件和工艺资格验证、材料资格验证
2060年	建成2×1吉瓦聚变能电站

图5-17　印度聚变发展路线图

上的运行经验将用于未来聚变电站的设计。印度提出了 2 个 DEMO 增殖包层概念：第一个是锂铅冷却陶瓷增殖剂（LLCB，图 5-18），另一个是常规固态包层概念即氦冷固态增殖剂（HCSB）概念。

印度聚变发展路线计划 2037 年建成 DEMO，进行技术资格验证、反应堆部件和工艺资格验证、材料资格验证。预计，在未来 30 年内，印度将广泛开展 DEMO 的各项活动。印度将着重开展聚变堆相关的综合物理模拟、超导磁体系统、偏滤器系统、先进材料以及电源、加热和电流驱动系统等技术的研发，争取在 2049 年左右建成聚变电站。

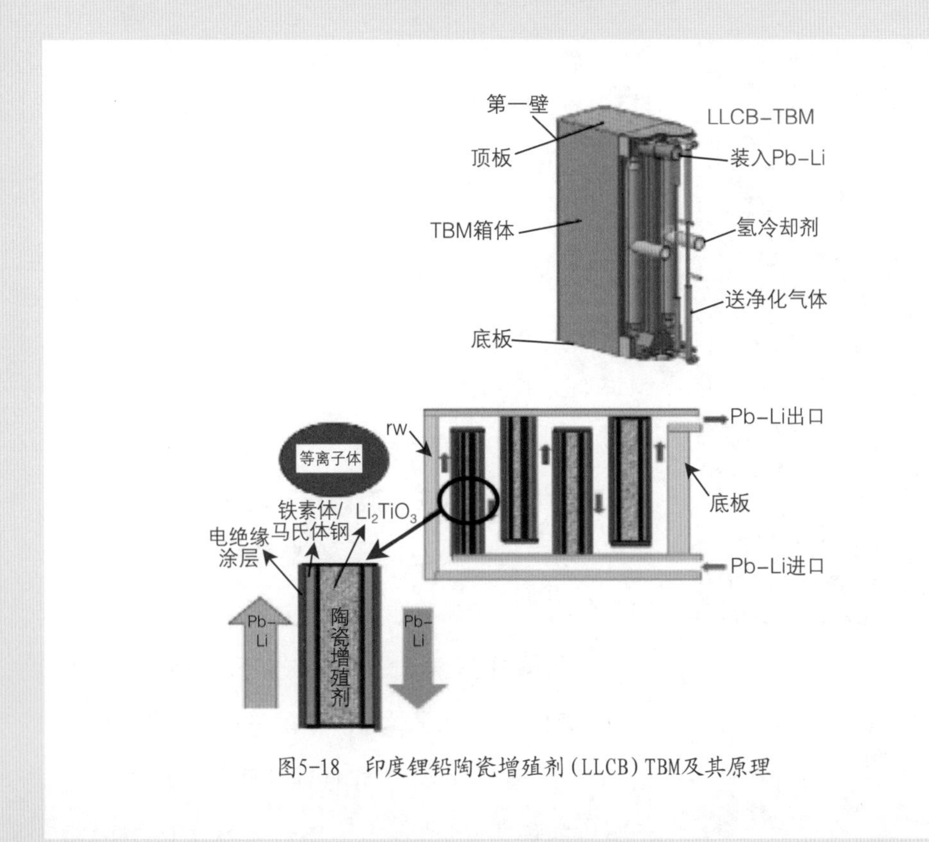

图5-18 印度锂铅陶瓷增殖剂(LLCB)TBM及其原理

五、2049 预测

1 2025 年——ITER 建成运行

按照最新 ITER 建造时间表，ITER 托卡马克聚变实验堆于 2025 年建成运行。ITER 建成运行后，将开展带有 D-T 核聚变反应的高温等离子体特性的研究，探索其约束、加热和能量损失机制，等离子体边界区的行为以及控制 ELM（edge localized mode 边缘局域模）活动的最佳条件，为今后建造商用的核聚变反应堆奠定坚实的科学基础。对 ITER 装置工程整体及各部件，在 500 兆瓦聚变功率长时间实现聚变能实用化需要经过实验堆—示范堆（DEMO）—商用堆三个步骤。作为国际热核聚变实验堆的ITER装置，承担着明确其下一步即ITER后示范堆具体目标的任务，这将是奠定实现聚变能商用化路线的最重要一步。

持续过程中产生的变化及可能出现的问题的研究，不仅将验证受控热核聚变能的工程可行性，而且还将对今后如何设计和建造聚变反应堆提供必不可少的经验。

国际磁约束聚变研究当前的前沿问题包括：燃烧等离子体物理、先进托卡马克稳定运行和可靠控制、ITER/DEMO 工况下的等离子体与材料的相互作用、长脉冲和稳态条件下的物理和技术、聚变等离子体性能的预测、反应堆核环境条件下的材料和部件、示范堆的集成设计。急需解决的科学和技术问题包括：托卡马克主要物理过程研究、先进托卡马克运行模式探索、长脉冲条件下的物理和技术、ITER/DEMO 等离子体条件下的等离子体与材料的相互作用、聚变等离子体性能的预测、聚变实验/示范堆的集成设计、反应堆核环境条件下的材料和部件。

因此，在 2025 年 ITER 正式建成投入运行之前，世界上各主要聚变研究国家将配合 ITER 的建造，在氚自持、诊断、约束与输运、磁流体和破裂与控制、高能量粒子物理、台基和边缘物理、刮削层和偏滤器、集成运行方案等方面开展实验与研究，这也是目前磁约束聚变科学的主要研究方向。

2 2049 年——决定聚变能源开发的关键节点

如果 2025 年 ITER 如期建成投入运行，按照 ITER 实验运行及退役 25 年的计划，2049 年将成为聚变能应用的关键节点。国际聚变界比较一致的意见是要看 ITER 装置运行能否达到预期的目标。即第一阶段实现 400~500 兆瓦的聚变功率，并能够使核聚变反应持续 500 秒，这是 ITER 最关键的目标。第二阶段的目标是拉长核聚变持续时间，实现更长脉冲或接近成为准稳态或稳态运行。如果它成功，将使人类第一次获得可控时间很长、相当于准稳态的高功率高增益燃烧等离子体，去研究聚变能开发的一系列重大的关键的科学和工程技术问题；ITER 不是磁约束的商用聚变电站的原型，但是它是迈向磁约束商用聚变电站必经的重要阶段之一。

要实现聚变能源应用的目标，最后都必须要建成一个能够安全可靠，经济上与其他能源相比具有竞争力且高效运行的聚变电站来稳定地输出聚变能。所以从 20 世纪 50 年代以来，在全世界范围内，从事聚变研究的科学家们在开展等离子体物理研究和受控核聚变实验的同时，先后不断开展了各种不同位形、不同途径，具有不同特色的聚变堆概念设计和相关工程概念设计研究，先后设计了 50 多个聚变堆，其中最有希望达到点火条件的途径是托卡马克磁约束聚变堆和惯性约束聚变堆，它们目前达到的等离子体密度、离子温度、能量约束时间三参数乘积离点火条件要求只差 3 倍左右。所以托卡马克聚变堆和惯性约束聚变堆设计研究得比较多，也最有希望。

3 2049 年前后——聚变示范堆 DEMO 建造和运行

聚变示范堆 DEMO 是建造商用堆之前的最后一步，将全面演示聚变能电站的工程技术、安全和经济可行性以及主要关键技术和综合性能。为此，DEMO 应具有适当的聚变功率（1500~2000 兆瓦）和中子壁负载（2.0~2.5 兆瓦 / 米 ^{2}），尺寸

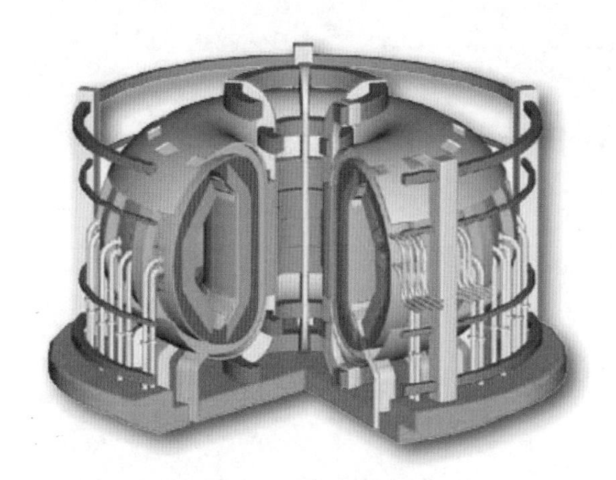

图5-19　ARIES概念图

将接近商用聚变堆。美国、日本和俄罗斯在参与 ITER 计划的同时，进行了大量的 DEMO 设计研究，最典型的是美国 UCSD 持续进行了 15 年之久的 ARIES 聚变堆系列设计（图 5-19）。目前进行的 ITER 实验包层模块（ITER-TBM）计划，就是为将来的 DEMO 的包层技术做实验验证，提出将来的 DEMO 的主要技术路线和发展目标。预期的 DEMO 堆将在 2049 年前后建造和运行。

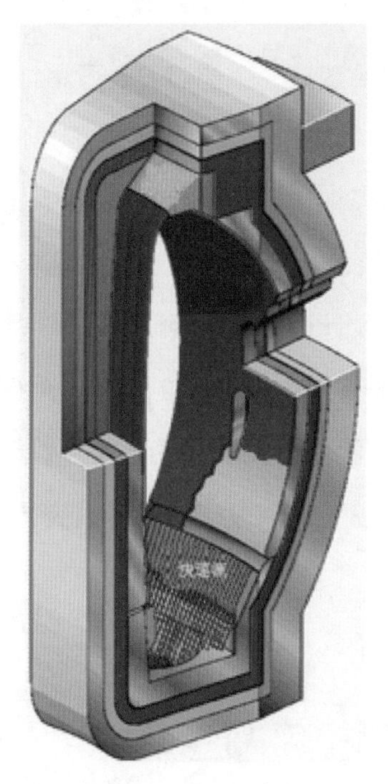

图5-20　APEX概念图

APEX 计划始于 1998 年（图 5-20），是美国聚变能源科学计划的一部分，主要任务是探索新颖、革新性的堆内部件技术概念，希望根本性地提高未来聚变能源系统的吸引力。其技术目标包括高功率密度、高热电转化效率和高可用度等。主要研究的新概念有液态金属壁技术和高温锂汽化、高温材料固态壁包层技术。

ARIES/APEX 计划是 1990 年由美国能源部聚变能办公室资助、加州大学圣地亚哥分校牵头，多个机构参加的国家研究项目，主要任务是进行先进聚变电站概念设计，探索聚变能发展潜力并给出关键技术的研发方向。在工程方面，早期的 ARIES-Ⅰ、ARIES-Ⅳ是以经济发电、安全与环境特性友好为目标，包层选用碳化硅为结构材料，固态陶瓷 LiZrO 或 LiO 作为增殖材料，采用先进氦气循环发电；后期，为进一步适应高功率密度、高温度与高热转换效率的要求，主要发展液态金属增殖剂包层，如 ARIES-Ⅱ、ARIES-RS 的液态锂自冷，以钒合金为结构材料的包层；ARIES-ST 采用双冷（氦气和液态金属锂铅）包层，氧化弥散（ODS）铁素体钢作结构材料，加碳化硅流道绝缘插件；ARIES-AT 采用液态金属锂铅自冷却碳化硅包层等。

聚变堆设计的进展是世界上的全部托卡马克装置物理和工程实验所取得新成果的缩影。国际上 40 年聚变堆设计所取得的进展又反馈回来对托卡马克装置的工程和实验提出更多新的要求。

第二节 中国选择

我国核聚变能研究开始于20世纪60年代初，经历了长时间非常艰苦的努力，建成了发展中国家最大的、理工结合的两个大型现代化专业研究院所，即中国核工业集团有限公司所属的核工业西南物理研究院和中国科学院所属的等离子体物理研究所。中国科学院的北京物理研究所和等离子体物理研究所在20世纪70~80年代相继建成并运行CT-6、HT-6B及HT-6M等小型托卡马克装置。1984年，二机部585所（现中核集团核工业西南物理研究院）成功研制并运行中等规模的托卡马克装置中国环流器一号（HL-1）。HL-1装置（图5-21）是中国磁约束核聚变进入大规模实验的一个重要里程碑。1994年，中核集团核工业西南物理研究院将HL-1改建为中国环流器新一号（HL-1M）装置，用反馈控制取代了原来的厚铜壳，进行了弹丸注入和高功率辅助加热以及高功率非感应电流驱动下的等离子体研究。HL-1M装置综合性能指标达到了国际同类型同规模装置的先进水平，其实验研究数据列入ITER实验数据库。在同一时期，中国科学院等离子体物理研究所在引进俄罗斯T-7装置的基础上建成并运行了世界上第二大超导托卡马克装置HT-7，在围绕长脉冲和稳态等离子体物理实验方面做了大量的工作。2002年，中核集团核工业西南物理研究院在引进德国ASDEX装置的基础上建设并运行了具有偏滤器位形的托卡马克装置HL-2A，开始一系列物理实验并取得丰硕的科研成果。2006年，中国科学院等离子体物理研究所建成世界首个全超导大型托卡马克装置东方超环（EAST）。

图5-21 中国环流器一号托卡马克装置HL-1

一、中国环流器 2 号 A（HL-2A）

中国环流器 2 号 A（HL-2A）装置的使命是研究具有偏滤器位形的托卡马克物理（图 5-22），包括高约束模（H- 模）和高参数等离子体的不稳定性、输运和约束，探索等离子体加热、边缘能量和粒子流控制机理，发展各种大功率加热和电流驱动技术、加料技术和等离子体控制技术等，通过对核聚变前沿物理课题的深入研究和相关工程技术发展，全面提高核聚变科学技术水平，为我国下一步研究与发展打下坚实的基础。与 HL-1M 以及国内当时其他装置不同，HL-2A 装置是我国第一个具有由相应的线圈和靶板组成的偏滤器的托卡马克装置，可以进行双零或单零偏滤器位形放电。这对开展高约束模物理和边缘物理研究及提高等离子体参极其重要。HL-2A 装置的大功率加热系统包括电子回旋加热、低杂波和中性束注入系统。由中核集团核工业西南物理研究院开发的超声分子束注入（SMBI）是中国的一项重要原创技术，自 1992 年在中国环流器 1 号（HL-1）装置上投入使用以来，在 HL-2A 装置上得到了进一步改进和发展，技术指标大为提高。在 HL-2A 装置的实验中发展了液氮温度下的超声分子束注入，大大地提高了注入深度、加料效率以及放电品质，改善了等离子体约束性能。

图5-22　中国环流器2号A托卡马克装置(HL-2A)

在 HL-2A 装置上成功开展了偏滤器位形下的高密度实验、超声脉冲分子束、低混杂波等专题改善约束实验研究，在等离子体约束和输运、大功率电子回旋波加热、加料及杂质控制等研究方面取得了一批创新性科研成果。重点开展了 H 模和台基物理研究，等离子体输运、边缘湍流、MHD 和高能粒子物理等物理实验研究，取得多项具有开拓意义的技术新突破。除了在电子回旋加热实验中获得了4.9 千电子伏的电子温度，在中性束加热条件下得到了 2.5 千电子伏的离子温度等高参数外，在该装置上取得的若干开创性成果得到了国内外同行的好评。

2003 年，在首轮物理实验中成功实现中国第一次偏滤器位形托卡马克运行，为后来实现高约束运行模式奠定了基础。2009 年 4 月，成功实现了中国第一次高约束模（H- 模）放电，能量约束时间达到 150 毫秒，等离子体总储能大于 78 千焦。H- 模是先进托卡马克装置运行模式，也是国际热核聚变实验堆（ITER）的运行模式。这项重大科研成果，使我国在继欧盟、美国和日本之后，站上了核聚变研究的这一先进平台。这是中国磁约束聚变实验研究史上具有里程碑意义的重大进展，它标志着中国的磁约束聚变科学和等离子体物理实验研究进入了一个接近国际前沿的崭新阶段。

HL-2A 在高能粒子物理、H- 模的触发机理、带状流和逆磁漂移流在 H- 模触发中的作用等方面取得若干重要创新成果。在 HL-2A 上，首先发现了由电子激发的比压阿尔芬模；首次观测到在 L-H 转换过程中存在两种不同极限环振荡和完整的动态演化过程，为 L-H 模转换的理论和实验研究提供了新的思路。在 HL-2A 上，首次观测到测地声模和低频带状流的三维结构，填补了该方向的国际空白；在强加热 L- 模放电中，观测到中、高频湍流能量向低频带状流传输，为理解湍流引起的能量传输提供了可能的物理基础；在内部输运垒的研究方面，利用超声分子束调制技术发现了自发的粒子内部输运垒，为等离子体输运研究提出了新的课题。HL-2A 上开展的一系列前沿性实验研究对于中国核聚变事业做出了创新性的贡献。

在 2016 年的实验中，取得多项具有开拓意义的突破。首次利用无源间隔波导阵列（PAM）天线在 H 模条件下实现了低杂波耦合，为 ITER 低杂波电流驱动天线设计提供了重要数据；在 HL-2A 装置上发现了多项新的物理现象，包括在 H- 模期间由杂质密度梯度驱动的电磁湍流，磁岛和测地声模同步现象，以及鱼骨模激发的非局域热输运现象。这些现象的发现可能对台基动力学、带状流和非局域热输运的深入研究有重要意义。

二、中国环流器 2 号 A 改造升级装置 HL-2M

中国环流器 2 号 A 的改造升级装置 HL-2M（图 5-23）具有以下特点：对 PFC 电流的灵活配比，实现覆盖国际上主要托卡马克的等离子体平衡，用于优化放电位形的研究；较大的 PFC 电流设计裕度，提供了研究领先偏滤器位形必要的工程基础，可为未来的偏滤器设计提出更好的方案；具有大的变形截面、小的环径比，可使装置在较小的磁场下达到较高的等离子体电流和参数运行，为燃烧等离子体物理研究提供保障。因此，容易形成高比压、高参数等离子体，开展近堆芯等离子体物理实

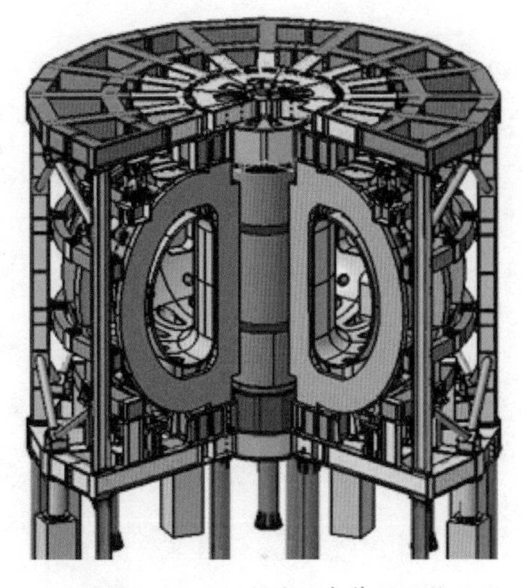

图5-23　HL-2M托卡马克装置结构

验。常规导体使装置的可近性增加，较多的窗口使诊断系统的安排更为灵活。

HL-2M 装置将打造成为 ITER 运行与实验及未来聚变堆设计的重要技术研发平台，开展与未来聚变堆相关的科学技术研究。该装置设计的等离子体电流可达 3 兆安，具有更高的能量约束时间、密度和温度三乘积、高比压、高自举电流（βN>3，fBS>50%）等特点，采用先进偏滤器位形，其受热面积比常规偏滤器大 10 倍左右，能大幅提升排热能力；此外，HL-2M 采用可拆卸的环向场线圈，极向场位于环场线圈内侧。将极大提升装置的灵活性和等离子体的控制能力，为未来聚变堆的关键物理和工程技术研究提供技术支撑。在高比压、高参数条件下，研究一系列和聚变堆有关的工程和技术问题，在高参数等离子体中的加料以及第一壁和等离子体相互作用等。改造升级后的 HL-2M 装置能够运行在先进的位形下，并具备更强的二级加热功率，尤其是中性束加热，从而开展聚变堆和 ITER 物理相关的聚变科学研究。作为可开展先进托卡马克运行的一个受控核聚变实验装置，HL-2M 将成为中国开展与聚变能源密切相关的等离子体物理和聚变科学研究的不可或缺的实验平台。充分发挥和利用装置平台灵活、可近性好的特点，结合 ITER 工程建造和即将开展的物理实验研究以及国际聚变能研究发展的最新最近成果，在该装置上开展与聚变能研究相关的科学和工程技术实验。

三、全超导托卡马克装置——东方超环 EAST

全超导托卡马克装置——东方超环 EAST 是国际首个、国内唯一的全超导托卡马克装置，是国际热核聚变实验堆（ITER）稳态物理最重要的前期实验平台，于 2007 年 3 月 1 日竣工验收，2015 年完成升级改造，先后获得国家科学技术进步奖一等奖、国家科技进步创新团队奖。近年来，EAST 物理实验不断取得突破，获得一系列独具特色或国际先进水平的成果：2010 年，获得了稳定重复的 1 兆安等离子体放电，实现了 EAST 的第一个科学目标，这也是目前国际超导装置上所达到的最高参数。2012 年，成功实现了 411 秒、中心等离子体密度约 2×10^{19}/ 米 ^{3}、中心电子温度大于 2×10^{7}℃的高温等离子体，以一个数量级的提升再创国际最长时间纪录，同时还获得了大于 30 秒且稳定可重复的高约束等离子体放电，标志着我国在稳态高约束等离子体研究方面已走到国际前列。2013 年，发现一种新型磁约束高温聚变等离子体边界稳定性的控制方法——低杂波改变边界磁拓扑结构及其对边界局域模的影响，首次实现了利用射频波控制边界局域模，并提供了一种比利用外加共振磁场线圈技术更为简单的、更与反应堆相关的边界局域模控制技术。2014 年，发现托卡马克高约束模式等离子体台基区多种相干模式共存，在世界上首次实现重复的完全抑制边界局域模稳态长脉冲高约束等离子体，获得了湍流驱动剪切流在 L-H 转换中扮演重要角色的关键实验证据。

2016 年，EAST 装置（图 5-24）成功实现了电子温度超过 5×10^{7}℃、持续时间达 102 秒的超高温长脉冲等离子体放电。这是国际托卡马克实验装置上电子温度达到 5×10^{7}℃持续时间最长的等离子体放电。2017 年 7 月 3 日，在纯射频波加热、钨偏滤器等类似国际热核聚变实验堆 ITER 未来运行条件下，EAST 获得超过 100

图5-24 东方超环EAST全超导托卡马克装置

秒的完全非感应电流驱动（稳态）高约束模等离子体，成为世界首个实现稳态高约束模运行持续时间达到百秒量级的托卡马克核聚变实验装置。这些里程碑性的重要突破，表明我国磁约束聚变研究在稳态运行的物理和工程方面，将继续引领国际前沿，对国际热核聚变实验堆（ITER）和未来中国聚变工程实验堆（CFETR）建设和运行具有重大的科学意义。2018 年，EAST 装置实现加热功率超过 10 兆瓦，等离子体储能增加到 300 千焦；在电子回旋与低杂波协同加热下，等离子体中心电子温度达到 1 亿度，有效拓展了 EAST 长脉冲托卡马克放电的运行区间。

除 HL-2A、EAST 等大中型托卡马克装置外，为了培养专业人才，在中国科学技术大学、华中科技大学、大连理工大学、清华大学、浙江大学等高等院校设立了核聚变及等离子体物理专业或研究中心，先后建成并运行了一批小型装置。最有代表性的是中国科学技术大学和华中科技大学。中国科学技术大学是我国最早开展等离子体物理本科教育的大学，该校在国家磁约束聚变能源专项的支持下建造的中国首台大型反场箍缩磁约束聚变实验装置 KTX 于 2015 年 8 月竣工并实现联调放电以来，实现了“一键控制”全自动化氢等离子体放电，目前每 2 分钟可完成一次放电，最大等离子体电流可达 180 千安。J-TEXT 托卡马克是华中科技大学引进德克萨斯大学（奥斯丁）的聚变实验装置 TEXT-U 建造出 J-TEXT。从 2003 年开始在国内恢复重建工作，到 2007 年 9 月实现了第一次等离子体放电。该装置具有偏滤器位形和电子回旋共振加热系统，运行区间从欧姆加热模式、低约束模式和限制器下高约束模式扩展到了偏滤器运行模式、射频加热下的高约束模式等。2017 年 7 月 3 日，西南交通大学与日本国家核聚变科学研究所在成都签署共建中国第一台准环对称仿星器 CFQS 的合作协议，标志着西南交通大学将建造我国第一台准环对称仿星器。此外，北京大学、清华大学、上海交通大学、浙江大学、大连理工大学、四川大学、东华大学、北京科技大学、北京航空航天大学等学校的研究人员开展了托卡马克等离子体湍流与输运过程、磁流体不稳定性、快粒子物理、波与等离子体相互作用、等离子体与壁相互作用、聚变堆材料和聚变工程技术等方面的研究，培养了一批研究生和年轻研究人员，并取得了一些很好的成果。

四、惯性约束

神光－Ⅲ装置由中国工程物理研究院激光聚变研究中心研制，是世界第二大、亚洲最大的已投入运行的高功率激光装置（图5-25、图5-26）。作为我国大科学工程建设的标志性成果，神光－Ⅲ装置为我国惯性约束聚变（ICF）的持续发展创造了前所未有的重要科学研究平台，将在我国惯性约束聚变和高能量密度物理研究等领域发挥无可替代的关键作用。神光－Ⅲ于2016年通过国家验收正式投入运行。神光－Ⅲ原型装置是一台可输出八束口径为300毫米×300毫米激光、三倍频（351纳米）脉冲能量高达万焦耳、可“八束对打”与“八束并打”的高功率激光驱动器，主要由前端、预放大、主放大、靶场、光束控制、参数测量和计算机集中控制七大系统组成。神光－Ⅲ原型装置采用了以“方形光束、组合口径、多程放大”为主要标志的国际最先进的高功率激光驱动器技术，属于第二代高功率固体激光装置，技术水平与美国NIF装置、法国LMJ装置相当，在规模上稍大于日本大阪大学的Gekko Ⅻ装置，为美国LLNL Nova装置的1/4。

图5-25 神光-Ⅲ主机激光大厅

图5-26 神光-Ⅲ主机靶室

神光－Ⅲ主机装置已成功建立精密物理实验诊

断及研究能力，同时围绕黑腔辐射特性和内爆非一维特性两大激光惯性约束聚变核心问题，开展了系列精密物理实验研究和创新探索，取得了丰硕成果。神光－Ⅲ在内爆综合集成验证实验研究中，采用多环脉冲整形激光注入黑腔产生X射线辐射驱动内爆，通过优化激光打靶参数演示了以惯性压缩为主、收缩比约15倍的DT靶丸内爆实验能力，实现了准一维的高静产额（YOC）和高中子产额的物理指标，真空黑腔DT靶丸最高中子产额为1.9×10^{12}，YOC达到60%，充气黑腔DT靶丸最高中子产额为2.4×10^{12}，YOC大约70%。同时，有效建立了内爆驱动不对称性的表征和调控能力，为未来开展多台阶整形辐射驱动、更高倍数收缩比的高压缩内爆综合实验，验证点火靶物理设计和关键调控措施有效性奠定了基础。

五、混合堆

聚变－裂变混合堆实际上是氢弹的“反过程”。早在20世纪50年代初就有人提出，直到20世纪70年代才由美国、苏联各自开展研究。当时这种研究的目的是生产钚。美国在20世纪80年代曾研究过利用混合堆生产现存大量核武器所需补充的氚。到20世纪80年代后期美国和苏联出于核不扩散的考虑，提出停止研究聚变－裂变混合堆，要求只研究纯聚变堆。聚变－裂变混合堆是实现聚变早期应用的重要途径，聚变－裂变混合堆作为聚变实验堆向聚变能源堆过渡的中间阶段，能促进聚变技术尽早走出实验室，实现推动国民经济发展和提高人民生活水平的目标，增强公众对聚变技术的信心。一座可长期运行的聚变－裂变混合堆又将会对等离子体技术发展、聚变堆材料的研究，满足聚变堆长期运行对氚的需求等工作起到极大的促进作用，能从根本上推动聚变堆技术的发展。因此，混合能源堆不仅是从核能的纯裂变时代向纯聚变时代过渡的一种中间技术，而且是聚变技术发展近期和中长期的一个合理选择。

新型的聚变－裂变混合堆是指聚变中子源＋次临界裂变包层的能源堆。与新型混合堆对应的是传统意义上的混合堆，即聚变－裂变增殖堆、聚变－裂变嬗变堆。鉴于聚变技术的复杂性和高投入，混合能源堆要能够在未来能源利用中发挥作用。其次，临界能源堆部分必须很好地解决三方面问题：①必须能够持续地烧铀－238 及钍－232，解决铀、钍的利用率问题，否则无法与热堆竞争；②必须要能够以天然铀为核燃料，解决核燃料的易获得性问题，否则无法与快堆竞争；③必须有较大的能量倍增系数（$M \geqslant 10$）、更长的换料周期（5 年以上）和更简便、经济的后处理方法（核燃料循环），否则无法在经济性上与快堆竞争。

中国的聚变－裂变混合堆研究始于 1980 年。在国家“863”计划的支持下，中核集团核工业西南物理研究院和中国科学院等离子体物理研究所进行了长期的混合堆设计研究，先后完成了实验混合堆的详细概念设计和一些关键部件的工程概要设计。1986—1990 年为实施“863”计划的第一阶段，以确定我国能源发展战略及聚变－裂变混合堆在其中的战略地位和进行概念设计。1991—2000 年为实施“863”计划的第二阶段。未来将逐步对关键技术进行考核检验，完成初步的次临界能源堆整体设计；完成数值模拟平台和相关数据库、设计验证实验平台建设；完成多功能包层的优化和比较研究；完成初步的安全性、经济性评估和混合能源堆技术发展战略软科学研究，为研讨我国聚变实验堆技术路线提供理论依据与科学基础。

中核集团核工业西南物理研究院“七五”期间开展了聚变－裂变混合堆研究，先后完成了试验混合堆、商用混合堆的概念设计以及试验混合堆的联合设计，并在堆芯等离子体物理、中子学、堆结构、热水力、安全环境、经济分析等方面取得了一大批科研成果。“九五”期间完成了实验混合堆工程概要设计 FEB–E，开展了包层和偏滤器方面的设计研究，对重要部件的材料、结构、工艺制造、装配、运行、维修等方面进行工程技术或可行性论证，建立了工程材料数据库；在用聚变中子处理长寿命放射性核废料的新堆型设计方面也取得了重要成果，特别是在氚系统设计方面取得了国际先进成果，编制了 SWITRIM 软件，提出了“氚坑深度和氚坑时间”新概念，该成果在 *Nuclear Fusion* 上发表。研究了可用于高功率密度堆的锂液帘作为第一壁的可行性。中国加入 ITER 计划后，混合堆研究的国家计划被中止。

2009 年，中国工程物理研究院集成了在惯性约束聚变靶和次临界能源堆方面的研究成果以及国内外专家对 Z-Pinch 驱动器方面的判断，提出了 Z-Pinch 驱动聚变 - 裂变混合能源堆的概念。2015 年中国工程物理研究院已初步完成了热功率为 3000 兆瓦的 Z 箍缩聚变 - 裂变混合反应堆概念设计。按照计划，2015 年前后完成 Z 箍缩聚变 - 裂变混合反应堆堆型物理设计。2020 年前后建成关键单元技术的实验研究平台。2030 年前后通过系统集成建成实验研究堆。

专家们还提出了一种聚变中子源和次临界能源堆相结合的新型混合堆。这种次临界能源堆以天然铀、反应堆乏燃料为核燃料，以轻水作为冷却传热介质，可以在聚变中子源的驱动下获得 10 倍以上的能量增益，并可保证氚的有效循环，且能够在核燃料循环中不断添加贫化铀及钍，达到不断烧铀 -238 和钍的目的。该系统始终处于次临界状态，不会出现超临界事故，容易设置非能动余热排出系统，可完全避免堆中核燃料熔化事故，安全可靠。如果这项技术能够实现，那将是能源技术的一个重要突破，并将打破我国大规模发展核能所面临的资源、技术瓶颈。这种混合堆实现起来相对容易，运行也变得较为简单：聚变中子源功率只需纯聚变堆的 1/10，甚至 1/20；对材料的抗辐照能力要求大大降低；用天然铀而不需要准备钚，有利于大规模部署。最重要的是，这个系统可以把裂变燃料的资源利用率提高到 80%~90%，能够为人类提供千年以上的能源。

六、中国聚变发展路线图

核聚变能源的开发将有希望彻底解决能源问题，这对于中国的可持续发展有着重要的战略和经济意义。2006 年，磁约束核聚变被正式列入 2006—2020 年中国《国家中长期科学和技术发展规划纲要》。纲要提出：“以参加国际热核聚变实验堆的建设和研究为契机，重点研究大型超导磁体技术、微波加热和驱动技术、中性束注入加热技术、包层技术、氚的大规模实时分离提纯技术、偏滤器技术、数值模拟、等离子体控制和诊断技术、示范堆所需关键材料技术以及深化高温等离子体物理研究和某些以能源为目标的非托卡马克途径的探索研究。”

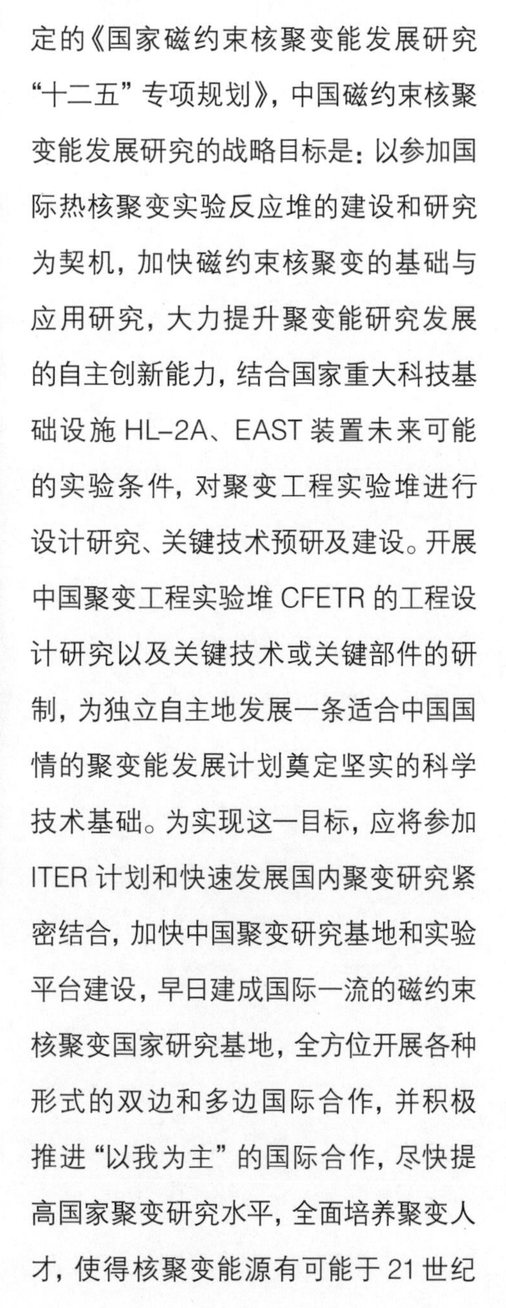

根据中国科技部基础研究司制定的《国家磁约束核聚变能发展研究“十二五”专项规划》，中国磁约束核聚变能发展研究的战略目标是：以参加国际热核聚变实验反应堆的建设和研究为契机，加快磁约束核聚变的基础与应用研究，大力提升聚变能研究发展的自主创新能力，结合国家重大科技基础设施 HL–2A、EAST 装置未来可能的实验条件，对聚变工程实验堆进行设计研究、关键技术预研及建设。开展中国聚变工程实验堆 CFETR 的工程设计研究以及关键技术或关键部件的研制，为独立自主地发展一条适合中国国情的聚变能发展计划奠定坚实的科学技术基础。为实现这一目标，应将参加 ITER 计划和快速发展国内聚变研究紧密结合，加快中国聚变研究基地和实验平台建设，早日建成国际一流的磁约束核聚变国家研究基地，全方位开展各种形式的双边和多边国际合作，并积极推进“以我为主”的国际合作，尽快提高国家聚变研究水平，全面培养聚变人才，使得核聚变能源有可能于 21 世纪末在中国能源结构中占有重要地位。国家的长期稳定支持是实现这一战略任务的必不可少的条件。随着ITER计划的开展，数百兆瓦功率的等离子体燃烧问题会逐步得到解决，基于聚变、裂变混合能源堆概念的堆型设计也将成为可能。它可以采用ITER技术建造的兆瓦量级的聚变堆，利用堆芯产生高能中子，并通过倍增来维持氚的自持燃烧与生产燃料钚-239。钚-239将在包层中进行裂变反应，并释放能量。

中国磁约束核聚变研究发展路线图的基本考虑是：在21世纪30年代建成并运行中国聚变工程试验堆CFETR，利用CFETR重点围绕聚变堆稳态运行和氚自持等未来聚变堆最重要的科学技术问题开展科学实验，与ITER形成互补；在40年代完成CFETR升级，开展100万千瓦的稳态示范堆相关的科学实验研究；在50年代完成100万千瓦量级聚变示范电站的设计，具备建造能力；50年代后进入1吉瓦中国聚变原型电站（PFPP）的演示和验证。通过ITER、CFETR以及PFPP，探索并解决未来聚变电站的重大科学、技术、工程与安全问题，实现工程实验堆—示范堆—原型电站的核聚变能应用的跨越式发展。专家们认为目前我国磁约束核聚变能发展所采取的基本技术路线是：采取超导托卡马克的技术路线，采用自举电流与外源共同驱动的先进托卡马克运行模式实现稳态运行，通过高效增殖包层和先进燃料循环氚工厂技术实现氚自持。

未来10年，中国将在HL-2A、HL-2M、EAST上开展针对ITER物理的实验，培养参加ITER实验的研究人员。与此同时完成ITER采购包任务；吸收、消化ITER的设计和采购包外的工程技术。在此基础上，建设自主发展聚变技术的实验基础和研发平台。

中国将按时、保质保量完成ITER装置建设中所承担的9%制造任务，并将以参加ITER计划为契机，全面消化、吸收和掌握计划执行过程中产生的经验、知识和技术；培养和造就一批高水平的核聚变研究人才队伍；发展先进运行模式的稳态托卡马克聚变堆技术；建立健全中国聚变堆的核与辐射安全法规、导则和技术标准；培育和带动一批生产制造企业走向国际。积极开展自主创新，创建适合中国聚变能源研究发展的战略体系。

根据《联合实施国际热核聚变实验堆计划建立国际聚变能组织的协定》及附件的有关条款，按照中国与ITER组织签订的协议，按时按质按量完成所承担的12个ITER装置部件采购包的制造任务。国内研究工作是实现中国ITER计划目标的重要环节，其目的是使中国能在ITER装置建成后掌握其主要技术；有效地参加在ITER装置上的实验研究；能够独立开展聚变示范堆的设计和研发。主要工作包括：扩建核工业西南物理研究院的HL-2A装置和中国科学院等离子体物理研究所的超导托卡马克装置EAST，使其作为国际先进的中型核聚变能研究装置，为有效利用ITER进行科学技术实验做好关键准备；着手培养一批高水平的科学和工程技术人才，并积极开展核聚变能源相关基础研究工作；消化、吸收、全面掌握并创新发展ITER的全部关键技术，特别是与中国未承担的实物制造任务相关的技术；发展ITER计划尚未涵盖，但今后核聚变能示范堆所需的关键技术，如氚增殖包层技术和聚变堆材料技术等。

抓住ITER计划国际合作机遇，吸收、消化ITER相关的科学技术可以加速中国独立自主的研发体系的建立。以参加ITER计划为契机，全面消化、吸收和掌握计划执行过程中产生的技术、知识和经验。通过参加ITER计划，建立健全热核聚变实验堆的核与辐射安全法规、导则和技术标准，培养一批高水平管理和技术人才，为今后参与多边国际科技合作计划积累经验。

接受、学习和使用ITER全部知识产权（资料、工程、物理和技术知识）；着重分析评估ITER未涵盖的科学技术，解决这些关键技术理论与设计方法；完成中国聚变工程实验堆工程概念设计；根据集成设计，分解和提出关键物理和技术研发项目；建立大工程项目建设所必需的先进管理体系；组建协同设计平台与信息数据操作管理系统，对设计过程中庞大的数据与复杂的流程进行共享、管理与规范；培养聚变堆设计、运行、实验和管理的人才队伍。

加快中国磁约束研究基地建设，开展稳态高效运行的先进托卡马克聚变反应堆基础物理和工程问题实验研究；积极参与ITER的工程建设，消化、吸收、掌握聚变实验堆关键技术；发展ITER后聚变堆规模的加热、电流驱动、加料、氚处理、诊断和各种反馈控制系统；开展聚变堆总体设计，加快大规模理论和数值模拟的研究，提高对先进托卡马克运行模式下等离子体行为的理解和预测能力，为聚变工程实验堆的设计建造提供科学依据；锻炼队伍，培养人才；同时着手开展聚变工程实验堆的总体设计与预先研究等工作。建立并完善国家核聚变能源研究发展创新体系，使中国在2020年前后具备自主设计制造聚变工程实验堆的能力，跨入世界核聚变能源研究开发先进行列。

加强国内与ITER计划相关的聚变能源技术研究和创新，发展聚变能源应用和开发的关键技术，建设和完善国家聚变能源研发体系，建立国际一流的研究平台，初步建立聚变工业发展体系，培养并形成一支稳定的高水平聚变研发队伍和聚变堆设计队伍(图5-27)。

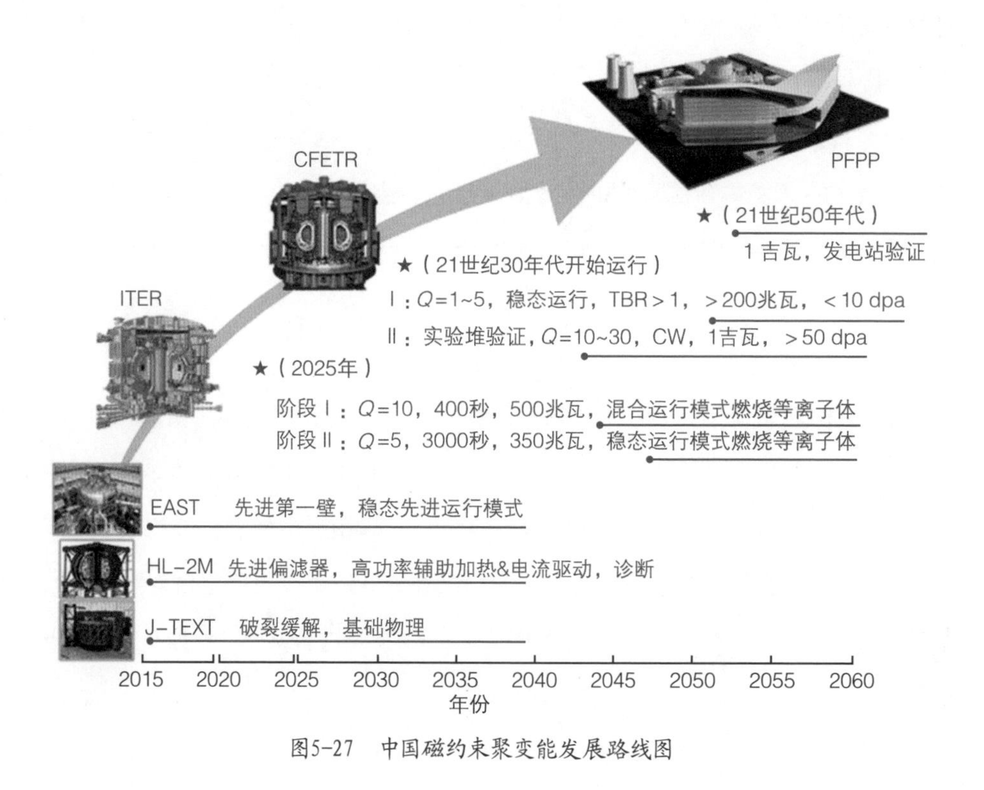

图5-27 中国磁约束聚变能发展路线图

为全面消化吸收 ITER 设计技术，掌握聚变堆相关的物理和工程设计及关键技术，开展我国磁约束聚变堆总体设计研究，2011 年科技部基础司成立磁约束聚变堆总体设计组，启动了中国聚变工程实验堆 CFETR（Chinese Fusion Engineering Testing Reactor）的研究（图 5-28）。

图5-28　CFETR主机结构概念图

2016—2020 年，将开展 CFETR 的详细工程设计及必要的关键部件预研，并结合以往的物理设计数据库，在 EAST、HL-2M 两大托卡马克装置上开展与 CFETR 物理相关的验证性实验，为 CFETR 的建设奠定坚实基础。21 世纪 30 年代建成并运行 20 万 ~100 万千瓦的中国聚变工程试验堆 CFETR。CFETR 相较于目前在建的 ITER，在科学问题上主要解决未来商用聚变示范堆必需的稳态燃烧等离子体的控制、氚的循环与自持、聚变能输出等 ITER 未涵盖内容；在工程技术与工艺上，重点研究聚变堆材料、聚变堆包层及聚变能发电等 ITER 上不能开展的工作；掌握并完善建设商用聚变示范堆所需的工程技术。CFETR（表 5-1）的建设不但能为我国进一步独立自主地开发和利用聚变能奠定坚实的科学技术与工程基础，而且使得我国率先利用聚变能发电、实现能源的跨越式发展成为可能。

表 5-1 中国聚变工程试验堆 CFETR 主要工程参数（2019 年）

工程参数名称	参数范围
装置大半径 R_0	7.2 米
装置小半径 a	2.2 米
拉长比 k	2
三角度 Δ	0.8
中心纵场 B_t	6.5 特斯拉
等离子体电流 I_P	13 兆安
偏滤器结构	下单零偏滤器

ITER 是磁约束聚变发展的重要环节，但计划在 ITER 上实现 D–T 运行还需要很多年，特别是它距离聚变能源示范堆 DEMO 还有相当一段距离，例如氚自持问题、等离子体控制问题、第一壁和偏滤器材料问题、能量移出发电问题、总体布置和安全问题等。另外，要实现大规模应用还必须在经济上有竞争力。因此现在对 DEMO 的认识还存在许多不确定因素，距离大规模应用核聚变能还有相当长的时间。因此，我国应以安全的、经济上有潜力的 DEMO 为目标，积极参加 ITER 的工作，充分了解和利用其他国家聚变能源的研究成果，为逐步细化和优选我国聚变开发技术路线，开展必需的科学研究。

值得提示的是：目前，包括中国在内的各国聚变发展路线图仍在根据国际聚变研究的发展进程及 ITER 的研发进程在不断完善和优化中。

七、2049 预测

1 2035 年——自主设计建造中国工程聚变实验堆 CFETR

据此，我国磁约束聚变发展的中期愿景是：完成中国聚变工程实验堆（CFETR）的工程设计，包括偏滤器、磁体、真空室、中心螺旋管、辅助系统等的设计；发展聚变堆防护、远距离操作、热室、材料与工艺技术等，在 2035 年前后建成 CFETR。结合参加 ITER 实验，完成 CFETR 相关堆芯技术的研发，开展 DEMO 堆芯技术的预研。完成 CFETR 产氚包层研制，同步开展氚增殖包层物理过程研究。掌握材料制造、加工技术，提高材料性能；完善材料数据库，为 CFETR、DEMO、商用聚变堆建造提供所需材料；建立完善的聚变堆安全设计、技术分析、安全评估体系，完成 DEMO 的安全分析；完成 CFETR 磁体系统的详细工程设计与建造；建立聚变堆材料热性能、中子辐照性能数据库，发展 DEMO 及商用堆部件的特殊制造和检测技术；建立 CFETR 的远距离操作维护系统，完成 DEMO 的远距离操作维护系统的设计和建造。

从当前各国的发展看，氚增殖包层和冷却剂的选择和氚增殖技术，这些问题的解决，是靠 ITER 装置实验平台，即在 ITER 包层中建立实验窗口，待 ITER 建成后，进行多种技术方案的、国际合作的研究探索，确定最佳解决方案。这就是 ITER 实验包层模块（TBM）计划。不再另外建装置。

> ITER-TBM 实验可能会解决氚的产生问题，但并没有解决大用量氚的自持所包含的氚的提取、回收、检测、存储等工业化问题，所以我国的 CFETR 需要在 ITER-TBM 的研究、设计、建造和运行的基础上，实现氚自持的功能测试。包层以外的氚工艺问题仍需研发。

全面参加ITER实验，掌握实验堆控制、氚氚运行、安全等方面的科学方法和工程技术。同时，在国内全面开展50万千瓦级聚变能发电的稳态燃烧托卡马克实验堆的设计和建造工作。全尺寸验证聚变示范堆部件和关键技术，全面掌握聚变发电的科学技术和安全规则。

2 2049年前后——启动建设商用聚变电站

我国磁约束聚变发展的远期愿景是：设计建造中国第一个百万千瓦级聚变示范堆，掌握商用聚变堆设计、建造技术，完成我国商用聚变堆的设计；利用CFETR深入开展DEMO堆芯技术研发；掌握聚变商用堆的堆芯技术，设计制造DEMO及商用聚变堆的产氚包层；完成商用聚变电站的安全分析；在2049年前后启动建造商用聚变电站，实现聚变能源的商用化。

第六章

我国核能发展未来方向及总体技术路线展望

第一节 先进核能技术

一、战略方向

1 核能资源勘探开发利用

重点在深部铀资源勘探开发理论，新一代高效智能化地浸采铀，以及非常规铀资源（主要包括黑色岩系型及海水中的铀资源等）开发利用等方面开展研发与攻关。

2 先进核燃料元件

重点在自主先进压水堆核燃料元件示范及推广应用，更高安全性、可靠性和经济性的压水堆燃料元件自主开发，先进燃料技术体系完善，以及智能制造在核燃料设计制造领域应用等方面开展研发与攻关。

3 新一代反应堆

重点在快堆及先进模块化小型堆示范工程建设，先进核燃料循环系统构建，超高温气冷堆关键技术装备及配套用热工艺，以及新一代反应堆的基础理论和关键技术等方面开展研发与攻关。

4 聚变堆

提升国内装置的研究能力，全面参加ITER实验，弥补我国在大装置上开展氘－氚燃烧等离子体物理实验的研究空白，增强对聚变堆芯自持燃烧等离子体物理和堆芯规模的装置的集成运行技术的认识。消化吸收ITER的设计和建造技术，统筹部署聚变堆核科学技术和工程研发，通过设计、建造和运行中国聚变工程试验堆，牵引聚变堆总体设计及其工程技术的全面发展，最终建造商业聚变电站，实现聚变能源利用。

二、目标预测

1 2030年目标

（1）核能资源勘探开发利用

形成国际领先的深部铀成矿理论体系及技术体系；实现深度1000米以内的可地浸砂岩智能化、绿色化经济开发利用；建成黑色岩系型等低品位铀资源综合回收示范工程，建成盐湖、海水连续提铀试验装置并获得技术经济评价参数。

（2）先进核燃料元件

具备国际领先核燃料研发设计能力，事故容错燃料先导棒/先导组件实现商用堆辐照考验，初步实现环形元件在压水堆核电站商业运行；MOX组件批量化生产管理技术达到国际先进水平，快堆金属元件具备规模化应用条件。

（3）反应堆技术

第三代压水堆技术全面处于国际领先水平，实现标准化系列化发展；建成“小型堆”，形成品牌；突破百万千瓦级商用增殖快堆电站关键技术，实现商业后处理厂—MOX元件—商业快堆闭路循环；建设完成950℃超高温气冷堆及高温热应用商业化工程；先进模块化小型堆实现标准化、规模化建设；熔盐堆等先进堆型关键设备材料取得重大突破；启动建设中国聚变工程试验堆 CFETR，掌握聚变堆芯燃烧等离子体的实验、运行和控制技术。

2 2049 年展望

完全掌握铀资源成矿理论，深部铀资源、非常规铀资源开发具备规模化经济开采能力，能保障核能长久发展。核燃料元件自主研发设计能力进入世界先进水平，智能制造、柔性制造等先进技术广泛应用。

四代核能系统全面实现“可持续性、安全性、经济性和核不扩散”的要求，并形成品牌，核能在供热、化工、制氢、冶金等方面具备规模建设条件。建设 100 万千瓦量级聚变原型电站，实现核聚变能源商用化应用。

三、技术发展路线 2049 展望

先进核能技术发展路线预测如图 6-1 所示。

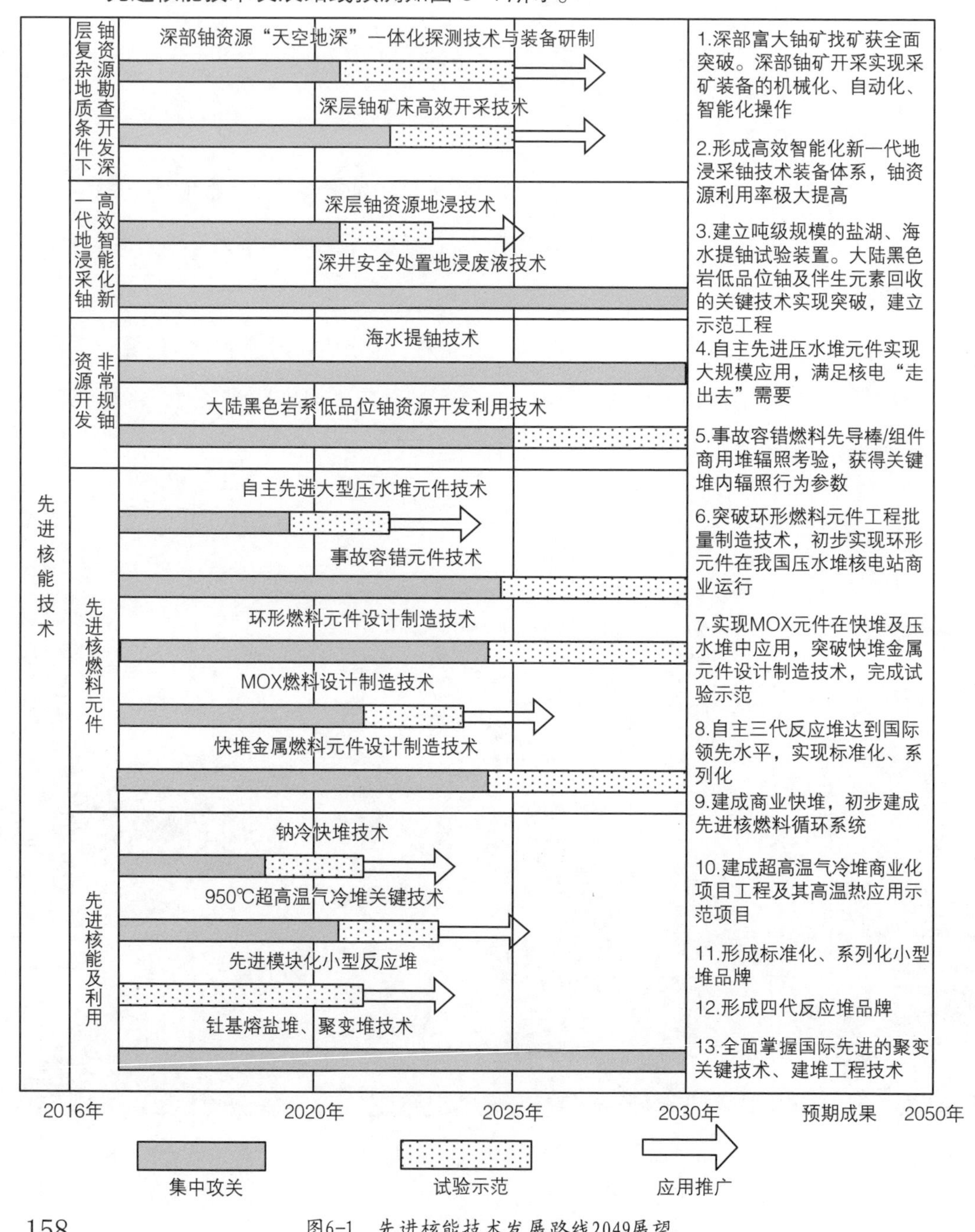

图6-1　先进核能技术发展路线2049展望

第二节 乏燃料后处理与高放废物安全处理处置技术

一、战略方向

1 乏燃料后处理

重点在大型商用水法后处理厂建设、全分离的无盐二循环流程研究、后处理流程经济性和环保性的提高，以及适用于快堆等的先进燃料循环的干法后处理等方面加强研发与攻关。

2 高放废物地质处置

重点在高放废物地质处置研发体系创新、高放废物处置地下实验室建设、地质处置及安全技术，以及高放废物地质处置理论和技术体系完善等方面开展研发与攻关。

3 高放废物处理

重点在高放废液处理、高放石墨处理、α 废物处理，以及冷坩埚玻璃固化高放废物处理等方面加强研发与攻关。

4 放射性废物嬗变技术

重点在长寿命次锕系核素总量控制、次临界系统设计和关键设备研究、外中子源驱动次临界高效嬗变系统（含加速器驱动和聚变驱动）技术体系完善，以及降低高放废物安全处理（置）难度等方面加强研发与攻关。

二、目标预测

1 2030年目标

(1) 乏燃料后处理

建成完善的先进水法后处理技术研发平台体系，基本建成我国首座800吨大型商用乏燃料后处理厂；建立我国锕系元素分离一体化先进水法后处理流程，提出干法后处理技术的优选路线，建成具备公斤级熔盐电解分离铀、钚的实验装置。

(2) 高放废物地质处置

确定高放废物处置库推荐场址，完成处置库工程设计，掌握地质处置技术和安全评价技术，具备建库条件；建成中等深度处置库。

(3) 放射性废物处理

全面掌握高放废液冷坩埚玻璃固化技术、石墨自蔓延处理技术、有机污物超临界水无机化技术、卤渣热等静技术、废水螯合吸附技术，放射性废物处理技术进入先进国家行列。

(4) 先进分离嬗变技术

完成使用于60万千瓦快堆核电站的含MA混合氧化铀钚燃料（MOX）的设计、研制及随堆考验，确定外源驱动次临界系统技术路线，掌握自主产权的关键设备设计制造技术，建成外源次临界系统工程性实验装置。

2 2049年展望

干法后处理实现工业化应用，逐步取代水法后处理，实现快堆嬗变、ADS嬗变技术的应用推广，逐步实现核能系统中次锕系核素总量的有效控制。解决历史上遗留废物隐患，废物最小化达到世界领先水平。掌握高放废物地质处置工业化技术，建成高放废物处置库并运行。

三、技术发展路线 2049 展望

乏燃料后处理与高放废物安全处置技术发展路线如图 6-2 所示。

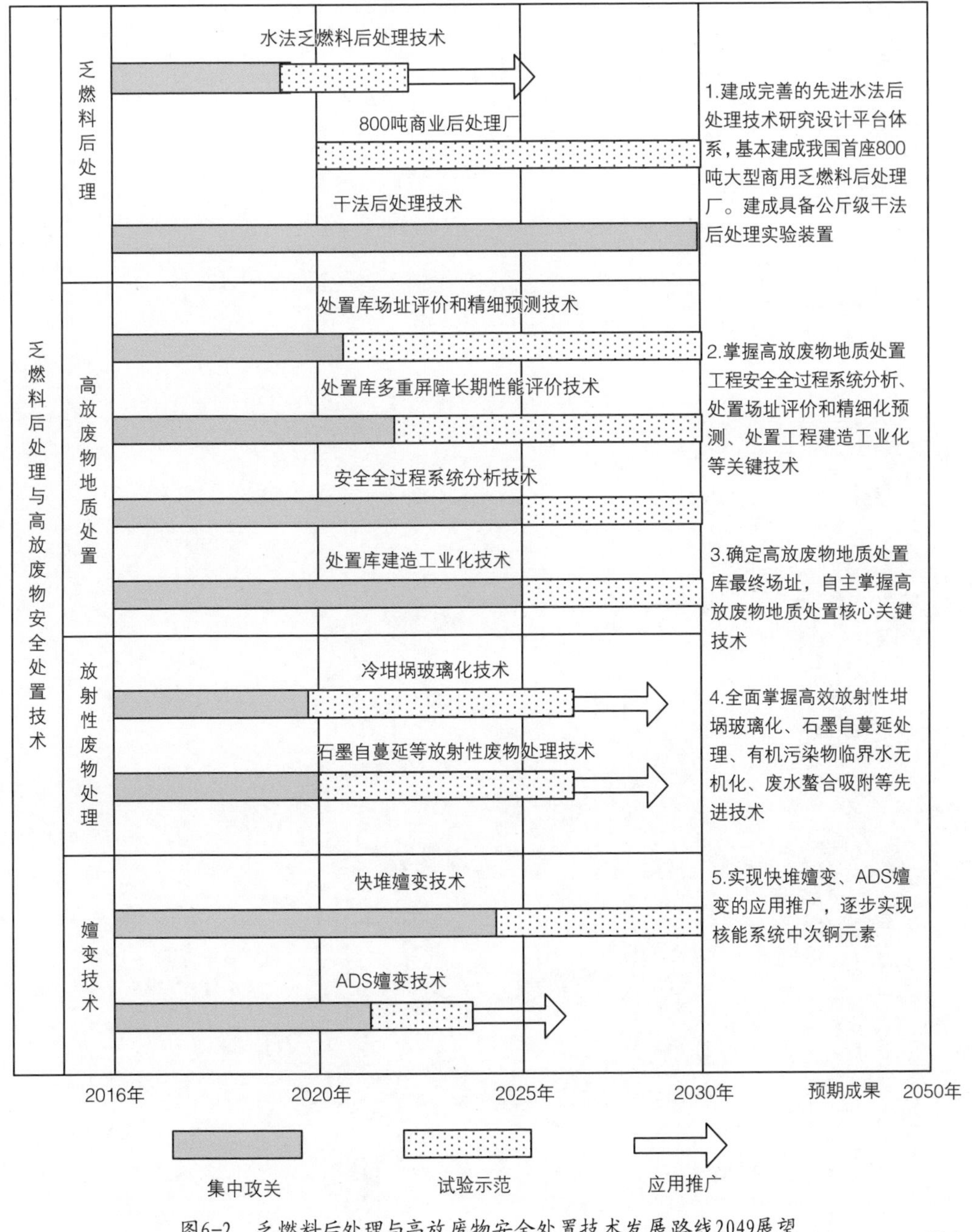

图6-2　乏燃料后处理与高放废物安全处置技术发展路线2049展望

第七章
核能安全监管展望

核安全是核能事业发展的生命线，是国家安全的重要组成部分。我国始终坚持“安全第一、质量第一”的方针，深入贯彻“理性协调并进”的核安全观，坚持“发展和安全并重、权利和义务并重、自主和协作并重、治标和治本并重”，确保核能事业安全高效发展。

第一节 核安全管理体系

生态环境部（国家核安全局）是中国的核安全监管机构，对中国核电厂核安全实施统一监督，独立行使核安全监督权。国家核安全局监督管理的主要措施之一是执行许可证制度，同时对核电厂、核材料和核活动实施监督。国家核安全局对中国核电厂环境保护实施监督管理。国家国防科技工业局是核工业的主管部门，负责研究制定中国和平利用原子能事业的政策、法规、规划、计划和行业标准，并组织实施，负责核领域政府及与国际组织间的交流与合作，牵头负责国家核事故应急管理工作。国家能源局是国家能源行业管理部门，负责拟定核电发展规划、准入条件、技术标准并组织实施，提出核电重大项目审核意见，组织协调和指导核电科研工作，组织核电厂的核事故应急管理工作。国家卫生健康委员会负责会同有关部门拟定放射性职业病防治法律法规，组织制定发布放射性职业病有关标准以及开展核与辐射事故紧急医学救援。中国核安全法规规定，核安全许可证持有者（或申请者）对核电厂、核材料和核活动的安全承担全面责任。

一、许可证制度

中国对核电厂实施许可证制度。核安全许可证件是国家监管机构批准申请人从事与核安全有关专项活动（如核电厂选址、建造、调试、运行、退役等）的法律文件。核电厂营运单位在不同阶段需要系统地进行法规标准要求的安全评价和验证活动，形成相应的分析报告，提交核安全监管部门审评。只有审评通过并获得有关许可证或者批准文件后，才能进行后续的选址、建造、首次装料、运行和退役等活动。国家核安全局通过许可证的审批、监督、执法、奖励和处罚，对许可证持有者进行的核安全活动实施监督检查，确保许可证持有者承担安全责任和依法进行核活动。

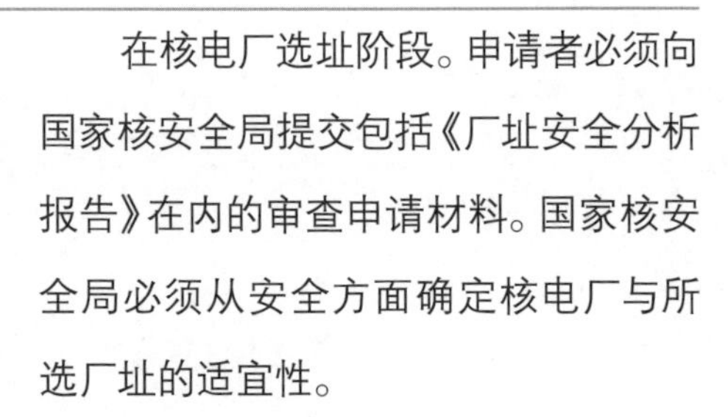

在核电厂选址阶段。申请者必须向国家核安全局提交包括《厂址安全分析报告》在内的审查申请材料。国家核安全局必须从安全方面确定核电厂与所选厂址的适宜性。

在核电厂建造阶段。申请者必须在建造前向国家核安全局提交《核电厂建造申请书》《核电厂初步安全分析报告》以及其他有关的资料。国家核安全局必须审评核电厂的设计原则，并就核电厂建成后是否能安全运行得出结论。经审核批准后，申请者取得《核电厂建造许可证》，方可动工建造。

在核电厂调试阶段。在核电厂首次向堆芯装载核燃料前，申请者必须向国家核安全局提交《核电厂首次装料申请书》《核电厂最终安全分析报告》以及其他有关的资料。国家核安全局必须确定核电厂是否按认可的设计建成，是否符合核安全法规要求，是否已达到要求的质量并有完整合格的质量保证记录。经审核批准，申请者取得《核电厂首次装料批准书》后，方可装载核燃料进行调试。

在核电厂运行阶段。从核电厂首次达到满功率之日起，经过 12 个月的试运行，申请者必须向国家核安全局提交《核电厂修订的最终安全分析报告》以及其他有关的资料。国家核安全局确定试运行的结果是否与设计一致，并审定修订过的运行限值和条件。经审核批准，申请者获得《核电厂运行许可证》后，方可投入商业运行。

在核电厂退役阶段。申请者必须向国家核安全局提交《核电厂退役报告》等文件。经审查合格后颁发《核电厂退役批准书》。

核安全设备监管方面。根据国务院《民用核安全设备监督管理条例》的要求，国务院核安全监管部门对民用核安全设备设计、制造、安装和无损检验单位实施许可证制度。国家核安全局设有核安全设备监管技术中心，具体承担许可申请的技术审评以及进口核安全设备的安全检验工作，并接受业务司的指导和监督。华北核与辐射监督站负责全国民用核安全设备活动的日常监督，持证单位和境外注册登记单位的例行和非例行核安全检查，对重要核安全设备实行驻厂监督。民用核安全设备现场安装活动的日常监督和进口核安全设备检查、试验的现场监督由各地区监督站承担。

二、核安全审评和监督检查制度

1 核安全审评

核安全审评是核安全许可证制度的技术基础。国家核安全局是中国核与辐射设施安全审评的组织者和责任单位，组织技术支持单位对核与辐射设施营运单位提交的申请资料做全面的审查和评价。生态环境部（国家核安全局）核与辐射安全中心是国家核安全局的常设技术支持单位。对重要项目，指定外部技术支持单位开展平行安全审评，以确保审评结论的适宜性和正确性。

根据国家核安全局要求，各技术支持单位形成 A–B 角审评队伍，构成 A–B 角模式，即：在审评任务不冲突时，两支审评队伍同时开展审评工作，两支审评队伍独立开展审评，各自有所侧重，相互协作支持，互不交叉，互相促进；国家核安全局每年对相关技术支持单位的独立性进行审查，对发现存在利益冲突可能性的情况，要求技术支持单位进行整改并提交整改报告，确保技术支持活动的独立性。国家核安全局通过审评确认：

（1）现有资料证明核电厂或所提出的活动是安全的；

（2）营运者提交的资料里的信息是准确的，足以证实与监管要求相符；

（3）技术上的解决方案，尤其是新的解决方案，经过检查或试验或两者的证明或考核，能达到所要求的安全水平。

核安全许可证件的颁发取决于核安全审评的结论。国家核安全局的审查和评定涵盖核电厂选址、建造，建造期间不符合项处理，调试大纲、计划及调试控制点设置，首次装料，运行，运行期间的修改、换料安全分析报告、核电厂定期安全审查（PSR），退役等核电厂全寿期的相关活动。为了规范核电厂核安全监督检查活动，国家核安全局制定了核电厂安全监督检查大纲，大纲适用于核电厂建造至退役的整个阶段。核安全法规要求核电厂营运单位必须定期审查核电厂的运行情况，提交规定的文件和资料供国家核安全局审查以保持许可证发放依据仍然有效。国家核安全局通过许可证件的审批、监督、执法、奖励和处罚，对许可证持有者进行的核安全活动实施监督检查，确保许可证持有者承担安全责任和依法进行核活动。

2 核安全监督

目前，国家核安全局设立了6个地区监督站，分别负责华北、华东、华南、西北、西南、东北的日常核与辐射安全监督。各地区监督站的主要职责包括：

（1）负责核设施核与辐射安全和辐射环境管理的日常监督；

（2）负责由国家核安全局直接监管的核技术利用项目辐射安全和辐射环境管理的日常监督；

（3）负责由国家核安全局直接监管的核设施营运单位和核技术利用单位核与辐射事故（含核与辐射恐怖袭击事件）应急准备工作的日常监督，以及事故现场应急响应的监督；

(4)负责由国家核安全局直接监管的核设施和核技术利用项目辐射监测工作的监督及必要的现场监督性监测、取样与分析；

(5)负责对地方环保部门辐射安全和辐射环境管理工作的督查；

(6)负责核设施现场民用核安全设备安装活动的日常监督和民用核设施进口核安全设备检查、试验的现场监督；

(7)负责民用核设施厂内放射性物品运输活动的监督；

(8)承办国家核安全局交办的其他事项。

国家核安全局及其派出机构向核电厂选址、建造和运行现场派驻监督组(员)，履行以下职责：

(1)审查所提交的资料是否符合实际；

(2)监督是否按照已批准的设计进行建造；

(3)监督是否按照已批准的质量保证大纲进行管理；

(4)监督核电厂的建造和运行是否符合核安全法规和许可证所规定的条件；

(5)考察营运单位是否具备安全运行及执行应急计划的能力；

(6)其他需要监督的任务。

核安全监督员在执行任务时，有权进入核电厂的设备制造、建造和运行现场，调查情况、收集有关核安全资料。根据《中华人民共和国民用核设施安全监督管理条例》及其实施细则、《核与辐射安全监督检查人员证件管理办法》的要求，核安全监督员应满足一定的条件，包括学历、工作经验、能力及基本职业素养等，以保证核安全监督工作的质量。国家核安全局根据法规要求和工作需要，编制核安全监督员教学大纲和核安全监督员证件管理要求，对人员进行选拔、培训和考核。相关人员接受国家核安全局组织的初任业务培训并通过考核后，再参加国家核安全局组织的核与辐射安全监管中级或高级培训并通过考核，或取得注册核安全工程师执业资格，才能由国家核安全局颁发核安全监督员证。持证人员按照证件载明的职责、区域范围和证件有效期从事核安全监督检查工作并具备相应权利和义务。

第二节 核安全法规

我国自1982年起，广泛收集、仔细研究了核电发达国家的核安全法律、法规，并参照IAEA的核安全导则及规定，逐步确立了中国的核安全法规体系。随着中国核电运行机组的不断增多，以及在核电选址、设计、建造、调试、安全运行等方面积累的实践经验，在不断结合国际核能界的最新要求的基础上，中国密切跟踪并参与IAEA安全标准的制修订工作，在参照IAEA的核安全规定和导则的基础上，结合中国的核安全实践，一直在不断地完善核安全法律、法规体系。

一、法律、法规和导则框架综述

中国的核安全法律、法规和导则体系由法律、国务院行政法规、部门规章、指导性文件和参考性文件组成。

1 法律

中国核安全领域的法律由全国人民代表大会或全国人民代表大会常务委员会通过，国家主席令发布，具有高于行政法规和部门规章的效力。

2 国务院行政法规

行政法规由国务院根据宪法和法律制定并发布，具有法律约束力。现有的适用于核安全领域的行政法规规定了核安全管理范围、管理机构及其职权、监督管理原则及程序等。

3 部门规章

核安全规定和国务院行政法规实施细则是部门规章，由国务院有关部门根据法律和国务院行政法规在本部门权限范围内制定并发布，具有法律约束力。核安全规定是规定核安全目标和基本安全要求的规章，国务院行政法规实施细则是国务院根据核安全管理条例规定具体实施办法的规章。

4 指导性文件

核安全导则是说明或补充核安全规定以及推荐有关方法和程序的指导性文件，由国务院有关部门制定并发布。

5 参考性文件

核安全法规技术文件是核安全技术领域的参考性文件，由国务院有关部门或其委托单位制定并发布。

核安全法律、法规和导则体系层次如图 7-1 所示。

图7-1 我国核安全法律、法规和导则体系层次

二、已发布的核与辐射安全法律、法规和导则

中国政府一贯高度重视核安全，从1986年10月国务院批准颁布《中华人民共和国民用核设施安全监督管理条例》至今，中国已发布了《放射性污染防治法》《核安全法》两部法律，还印发了一系列的法规和导则，其范围覆盖了核电厂，核电厂以外的其他反应堆，核燃料生产、加工、贮存及后处理设施，放射性废物的处理和处置设施等方面，使各类民用核设施的选址、设计、建造、运行和退役做到了有法可依。

此外，国家核安全局及相关部门陆续发布了一系列的核安全规定、国务院行政法规实施细则，按所覆盖的技术领域划分为不同的系列，内容涉及核电厂的选址、设计、运行和质量保证等方面。国防科工局等相关部门也陆续发布了一些部门规章。福岛核事故后，公众对核电安全日益关注，对核安全的要求日益提高。中国积极开展《核安全法》《原子能法》等法律的立法工作。《中华人民共和国核安全法》已于2017年9月1日发布，并于2018年1月1日起施行。《原子能法》草案已编制完成，已列入全国人大常委会立法规划，有望“十三五”末印发。

第三节 核安全持续改进

福岛核事故是继美国三里岛和苏联切尔诺贝利核事故后，人类史上第三起特大核电厂严重事故。与以往发生的任何一起核事故相比，福岛核事故的一个显著特征是极端外部事件导致一个核电厂的多台机组出现危机。它反映出当前人类社会对极端自然灾害的认识还存在一定的局限性。

一方面，福岛核事故尤其是极端外部事件导致的超设计基准事故的后果缓解研究不够，导致一旦发生严重事故时常常措手不及。简而言之，在贯彻和实施纵深防御原则过程中，要始终注意和强调“安全措施的均衡性”，后果缓解（含应急）功能和事故预防同等重要，每一道防线都不可或缺且须同等“坚固”，并作为“最后一道防线”对待和落实。

另一方面，福岛核事故揭示了人们在应用独立性和多样性原则来满足纵深防御各保护层次的可靠性要求方面尚存在不足。依据纵深防御原则，只有当连续且互相独立的各级保护全部失灵后才会出现损害；在福岛核事故中，各层级保护并没有实现真正的独立，它们都被同一串事件影响甚至损坏，属于典型的共因故障。由于地震和随后的海啸导致电厂出现长时间的全厂断电和丧失最终热阱，使得堆芯余热无法及时导出，进而对各道实体屏障的放射性包容功能构成重大威胁。因此，为防范核事故或降低事故后果，全过程运用纵深防御理念还不够，更重要的是要始终确保各个防御层次的可靠性，主要表现为完整性和有效性。

福岛核事故后，国家核安全局会同有关部委对运行和在建核电厂开展了核安全检查，检查结果表明：我国核电厂具备一定的严重事故预防和缓解能力，安全风险处于受控状态，安全是有保障的。为了进一步提高我国核电厂的核安全水平，国家核安全局依据检查结果对各核电厂提出了改进要求。为了规范各核电厂共性的改进行动，国家核安全局组织编制了《福岛核事故后核电厂改进行动通用技术要求》（简称《通用技术要求》），作为核电厂后续改进行动的指导性文件。

《通用技术要求》编制目的是规范各核电厂共性的改进行动，解决目前我国核电厂在实施福岛后改进措施过程中所采用技术的统一性问题，尽可能统一和协调各核电厂所采取的安全改进策略深度和广度，解决监管当局和营运单位在安全改进策略上可能的不同认识，在实质上为我国核电厂在福岛核事故后开展改进行动工作提供指导。由于我国各核电厂堆型、技术等存在差异，各核电厂是否需要采取相关的改进行动由国家核安全局相关改进管理要求确定。

《通用技术要求》的编制结合了我国核电厂的实际情况，综合考虑福岛核事故后的初步经验反馈，集合了行业内各方的意见，反映了目前国内核能界对于福岛核事故后安全改进的认识水平，是用于指导我国核电厂开展改进工作的综合性文件。但是，福岛核事故经验和教训的总结将是一个长期的过程，随着国际、国内对福岛核事故研究的不断进展，认识的不断深入，国家核安全局也会对《通用技术要求》进行修正和完善，以进一步提高核电厂安全水平。因此，在福岛核事故后，各国核工业界与安全监管部门纷纷对纵深防御这一核安全的基本原则和根本理念开展反思和研究。2013 年 3 月，西欧核监管协会（WENRA）发布了报告《新建核电厂设计安全》。该报告对七个关键的核安全议题给出了 WENRA 的见解，其中两个议题涉及纵深防御。第一个议题是新建核电厂的纵深防御方法，WENRA 认为，一些在现有在运核电厂被认为是超设计基准的情况，在新建核电厂设计中要予以明确考虑，如多重失效事件和堆芯熔化事故。

《通用技术要求》一共包含了 8 个大方向的内容:

(1) 核电厂防洪能力改进技术要求

对核岛设施及厂房防洪能力改进提出技术要求，主要内容包括对核电厂防洪、排洪设施的功能进行排查和评估，并采取适当的防护措施，使核电厂安全重要系统和部件在超设计基准洪水事件条件下最大限度地保持安全功能。

(2) 应急补水及相关设备技术要求

对应急补水及相关设备设置提出技术要求，主要内容包括采用二回路或一回路应急补水、乏燃料水池应急补水等措施带出余热的技术要求，并提出了移动泵、补水管线和水源的技术要求。

(3) 移动电源及设置的技术要求

对增加的移动式应急电源提出要求，主要内容包括移动式应急电源的功能、设备技术要求及相关运行规程要求。

(4) 乏燃料池监测的技术要求

对乏燃料池监测部分提出技术要求，主要内容包括对监测手段、监测范围、监测仪表和系统可用性的要求。

(5) 氢气监测与控制系统改进的技术要求

对氢气监测与控制系统改进提出技术要求，主要内容包括开展严重事故下安全壳内氢气分布的分析、氢气监测与控制措施有效性的评估，以及氢气监测与控制系统在严重事故情况下的功能和设备要求。

(6) 应急控制中心可居留性及其功能的技术要求

对应急控制中心可居留性及其功能提出技术要求。主要内容包括应急控制中心改进的技术要求。

(7) 辐射环境监测及应急改进的技术要求

对辐射环境监测及应急改进提出技术要求。主要内容包括对核电厂对环境监测布置的合理性和代表性的分析评估，改善严重事故下应急监测方案，在事故工况下提供必要的监测手段，以及制订同一厂址多机组同时进入应急状态后核电厂的应急响应方案和应急人员、物资的配备协调方案的要求。

(8) 外部自然灾害应对的技术要求

对外部自然灾害应对提出技术要求，主要内容包括对加强与气象、水文、海洋和地震部门的联系与信息交流，进一步完善防灾预案和相关管理程序，提高外部事件发生时的预警和应对能力的要求。

第四节 2049展望

国家核安全工作一直紧跟国际发展潮流，从无到有、从起步到追赶，核安全工作已经有了长足的进步。核安全监管工作积极借鉴国际、国内其他工作领域中的先进管理模式，在实践中发展，在创新中前进，积累了许多有益的经验；当前的核电从硬件方面做到了纵深防御层层设防，规程方面全部覆盖，人因方面强调了核安全文化。总的来说，核电安全从确定论上做到了万无一失，从概率论上看风险极低。

核安全无小事、核安全无绝对。虽然我国核安全事业取得了长足进步，但要百尺竿头更进一步，精益求精追求更安全、更完善的目标。再经过30年的努力，到2049年，预计达到以下目标：

1 核安全监管体系的完善

至2049年，进一步增加监管人员，完善体制机制，保证核安全监管的独立性、权威性和有效性，建成国际先进核安全监管体系。通过将监管职能合理集中保证监管的独立性；通过提高监管机构的审评、监督、独立核算和实验验证能力保证监管的权威性；通过理顺工作机制、监管程序保证监管的有效性。

2 核安全法律法规的完善

至2049年，我国核领域立法体系进一步完善，核安全法律法规体系更加清晰，补充完善缺失的部分法律、法规、制度，完成核与辐射安全标准顶层设计和具体标准的体系。最终建成体系完备、层次分明、脉络清晰、细节完备的核安全法律法规体系。

3 核安全技术的进步

至2049年，早期建造的二代核电厂已经退役，二代改进型核电厂的严重事故缓解措施通过技术改进进一步完善，在确定方面保证措施的完善性，在概率论方面保证高可靠性和低风险性，三代堆按全球最高安全标准建设，四代堆固有安全性相关指标进一步提高。国内核电厂真正实现“实际消除大规模放射性释放”目标。

第八章
核能科技创新应用展望

>>>

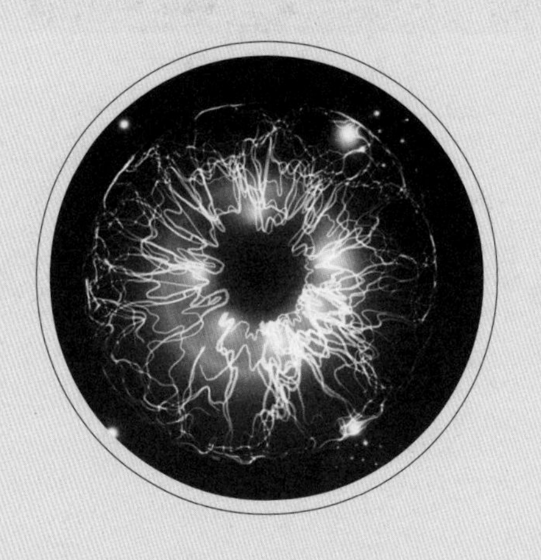

第一节 核动力破冰船

一、世界概况

国外海洋国家，特别是北极圈国家十分重视发展破冰船。目前全世界 17 个国家共有约 78 艘破冰船，环北极国家现役的破冰船总量占全球总数的 80%以上，并且将采购新型破冰船作为各国北极战略规划中的重要组成部分。俄罗斯现有各种破冰等级的破冰船约 35 艘（其中 5 艘隶属海军），可满足在近海和远海执行多样化任务的需要；美国拥有破冰船（常规动力）约 7 艘，全部隶属美国海岸警卫队，主要担负以维护国家战略利益和海洋控制为核心的多样化任务；其他环北极国家也根据各自需要，发展了一定数量的破冰船，担负保障海上安全、海洋调查等多项任务，其中，加拿大 6 艘（全部隶属海岸警卫队）、丹麦 8 艘（其中 4 艘隶属海军）、瑞典 7 艘（其中 6 艘隶属海军）、芬兰 7 艘（全部隶属海军）、挪威 1 艘（隶属海军）、日本 2 艘。

俄罗斯一直致力于核动力破冰船的研发，也是世界上唯一发展核动力破冰船的国家，其技术成熟，曾先后设计建造核动力破冰船共 10 艘，即列宁号、阿尔库奇卡号、西伯利亚号、俄罗斯号、塞布摩尔卜奇号、泰米尔号、苏维埃斯克号、瓦伊加奇号、亚马尔号及五十周年纪念日号。目前，俄罗斯核动力破冰船共有 4 艘在役，1 艘处于后备状态，由 Rosatom 公司（俄罗斯国家原子能集团公司）管理，其下属单位摩尔曼斯克海运公司负责所有核动力破冰船的运营。

俄罗斯核动力破冰船除了用于港口破冰、拖捞、巡逻、开辟航道、救援、极地科考与水文调查等近海和远海多样化任务外，还对其进行适应性改造，用于北极观光游览等经济活动。1989 年以来，西伯利亚号、俄罗斯号、苏维埃斯克号、亚马尔号、胜利 50 周年号等核动力破冰船除保障近海和远海多样化任务外，还多次承担赴北极观光任务，每年 2~5 次。

列宁号为俄罗斯第一艘核动力破冰船，采用 OK–150 分散型布置压水堆。根据 OK–150 的运行经验，俄罗斯研制出了 OK–900A 系列反应堆，OK–900A 采用紧凑型布置压水堆，为第二代核动力破冰船反应堆。配置 OK–900A 反应堆的五十周年纪念日号破冰船是当前世界上在役的最新、最大、最先进破冰船，是市场上具有载客能力的最佳核动力破冰船，可以直接抵达北极点。

目前，俄罗斯正在建造的世界上最大的新一代核动力破冰船 LK–60 已于 2016 年 6 月下水，2017 年交付使用。LK–60 核动力破冰船采用 2 座 RITM 压水堆，单堆功率 175 兆瓦，船长 173 米、宽 34 米，排水量 33540 吨，破冰厚 3 米。

据报道，俄罗斯未来还将规划建造 3 艘核动力破冰船。

二、中国发展预测

我国目前仅有3艘破冰船在役，均为常规动力，其中1艘为极地考察破冰船(雪龙号)，隶属国家海洋局；另外2艘隶属海军，主要用于渤海、黄海区域冬季破冰。

自1984年中国首次组队进行南极科学考察至今，我国共建设使用过三代极地科考船。第一代为向阳红10号考察船，无破冰能力，1979年由上海江南造船厂建成交付使用，参加了首次南极科考任务，现已改建为远望4号航天测量船。第二代为极地号考察船，原为芬兰建造的极地运输船，破冰能力1A级(冰厚0.8米)，我国于1985年购入并改装为极地考察船使用，已于1994年退役。第三代为雪龙号考察船，原为乌克兰建造的极地运输船，破冰能力为B1级，具备1.5节航速连续破1.1米厚冰的能力，满载排水量21000吨，为我国目前唯一在役的极地科考破冰船。

为满足极地科考任务需要，我国已于2012年立项新建1艘新型极地科考破冰船，排水量14346吨。该项目主管单位为国家海洋局，按照“中外联合设计、国内建造”原则实施。通过国际招标从瓦锡兰(Wartsila)、阿尔克北极(Aker Arctic)、罗尔斯·罗伊斯(Rolls-Royce)三家公司提供的概念设计方案中选定了芬兰阿尔克北极公司的方案建造新型极地科学考察破冰船。由阿尔克北极完成概念设计和基本设计，国内拟由708所完成详细设计方案，建造船厂通过择优确定。该船可担负海洋环境科考调查及后勤物资运输任务，破冰能力为PC3级(第二年冰，厚度2.0~3.0米)，具备以2~3节航速连续破1.5米厚冰加0.2米雪的能力。

我国海军也建设使用过海冰721号、722号、723号破冰船，均为非极地破冰船，目前均已退役。为解决破冰船规模、破冰能力不足问题，保证完成渤海、黄海冬季破冰任务，海军已于2012年12月新采购2艘5000吨级的新型破冰船，并于2015年交付海军。由701所设计、4810厂建造，具备以3节航速连续破1.0米厚冰的能力。

我国经过一代、二代核潜艇研制和使用，已掌握了潜艇核动力装置设计、建造、运行、退役和保障等技术，建立了完整的工业体系。同时，船舶工业经过60多年来的建设发展，已自主开发出多型具有世界先进水平的各类船舶、海洋工程装备和船用装备，已掌握补给船、测量船等2万吨级以上常规舰船设计、建造技术，为我国自主开展核动力破冰综合保障船研发奠定了坚实的技术、人员和工业基础。

2013年以来，中国核动力院和中船集团708所预先开展了核动力破冰综合保障船研发的前期工作，该项目科研工作获得了财政经费支持。目前，核动力院与708所共同完成了分析论证，确定了核动力破冰综合保障船总体目标，完成了船舶结构总体与核动力装置总体技术方案论证，明确了技术方案，梳理确定了关键技术和研究内容。

核动力破冰综合保障船研发以自主研发为主，立足军民融合，借鉴国内外成熟技术，满足我国近海破冰、极地航道开辟、海上电力供给、海上拖曳救援、海洋科考测量、装备试验及北极战略等海上多样化任务需要，支持并保障国民经济发展和军事需求，为发展海上核动力平台、核动力水面舰船奠定基础，促进海上核能综合利用。

核动力破冰综合保障船采用成熟的艇用压水堆技术和布置方案，借鉴国内外水面舰船设计建造经验，通过适应性改进和关键技术科研，形成核动力破冰综合保障船设计建造能力，满足核动力破冰综合保障船建造的迫切需求，同时保证核动力装置及全船的安全性和可靠性，兼顾经济性。

2017 年 1 月，中国核工业集团有限公司会同上海市政府、中国船舶工业集团公司三方签订“关于出资设立海洋核动力装备投资平台合作意向书”，共同推进核动力破冰船等海洋核动力技术及平台建设。

2017 年 8 月，中国核工业集团有限公司会同上海市政府、中国船舶工业集团公司、上海电气集团、浙江能源集团共同出资成立海洋核动力发展有限公司，组织开展核动力破冰综合保障船项目建设工作。

从我国目前拥有的破冰船及其性能参数与国外先进国家相比，破冰船的数量和破冰能力已不能满足海洋强国的战略需求，开展大型核动力破冰综合保障船的研发已经是势在必行，估计2049年前，我国将建成一支强有力的兼顾保障国家安全与民用市场需要的军民融合核动力破冰船运载能力与专业队伍。

第二节 浮动式核电站

一、世界概况

（一）美国

1963 年，美国开始利用 MH-IA 型压水反应堆（反应堆热功率约为 10 兆瓦）将一艘第二次世界大战使用过的船只改造成浮动式核动力装置，取名为吉尔吉斯号，这是世界上第一座浮动式核电站。1967 年，改造工作完成，该船被部署在巴拿马运河附近，为军事基地供电。1976 年，由于美国军事核能计划停止，该浮动式核电站退役。

20 世纪 70 年代，美国成立了一个名为“海上电力系统”（Offshore Power System）的公司来开发和建设浮动式核电站。海上电力系统公司设计完成了 2 个热功率为 1200 兆瓦、安装在驳船上的浮动式核电站（大西洋 -1 和大西洋 -2），由于 20 世纪 70 年后期的石油危机导致开采石油和石化产品精炼所需的能源需求减少，上述建造计划最终被放弃。

2014 年，美国麻省理工学院提出了一种新的浮动式核电站的概念：核电站将漂浮在远离海岸的海洋中，这样就能避免地震和海啸的破坏。该概念方案将浮动式核电站部署在离岸 8~11 千米的地方，而且被固定连接到海底。采用 200 兆瓦或更大功率的反应堆安装在一个圆柱形浮动平台的中心，一根电缆将从水下连接核电站和海岸用于传输能量。

（二）俄罗斯

20 世纪 80 年代早期，俄罗斯开始关注浮动式核电站的研发。最早的原型为 ABV-1.5，在其设计中吸收了美国吉尔吉斯号浮动式核动力装置的经验。20 世纪 90 年代早期，以俄罗斯 OKBM 设计院为首的 5 个单位开始联合进行 KLT-40S 型浮动式核电站开发，1996 年宣布完成了技术设计。2007 年世界上第一个商用浮动式核电站开始建设，采用 KLT-40S 核动力装置，取名为罗摩洛索夫院士号。截至目前，俄罗斯研发了多种类型的浮动式核电站核动力装置，比较有代表性有 KLT-40S、VBER 系列等。

KLT-40S 型浮动式核电站，反应堆采用紧凑布置型式（图 8-1），是俄罗斯在北极号系列破冰船 KLT-40 基础上改进设计开发的。浮动式核电站采用固定在岸边的船体作为核动力装置载体，船上布置 2 座 KLT-40S 型反应堆。

VBER 浮动式核电站采用标准化、系列化、模块化设计，反应堆仍采用紧凑型布置，每个模块由 1 台高效直流蒸汽发生器与 1 台屏蔽电机主泵组成。目前共开发了 VBER-150、VBER-300、VBER-600 等型号。其中 VBER-300 型浮动式核电站反应堆热功率为 900 兆瓦，电功率 325 兆瓦，采用二氧化铀燃料，换料周期 2 年。

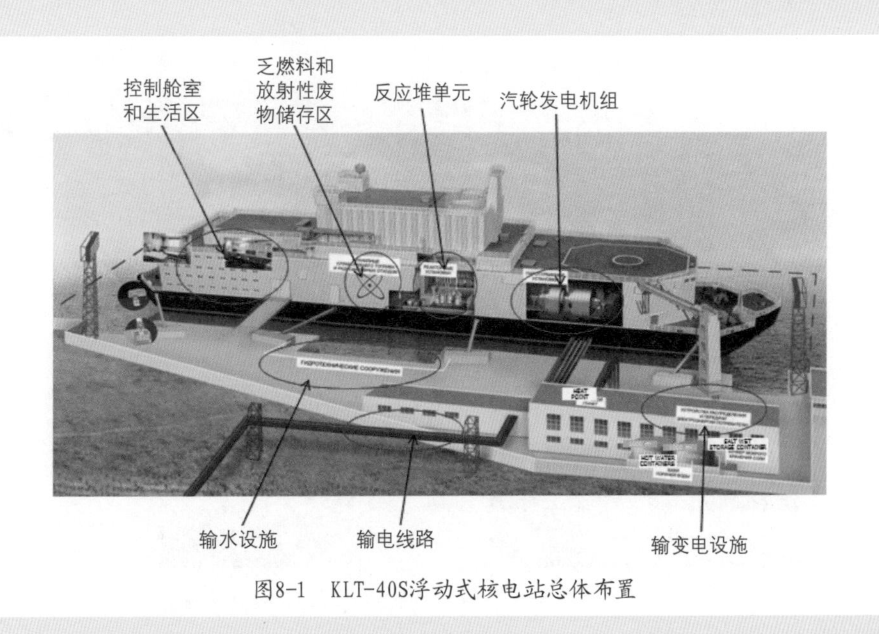

图8-1 KLT-40S浮动式核电站总体布置

（三）法国

法国于2011年左右开始关注浮动式核电站的研发，提出了名为“FLEXBUIE”的浮动式核电站概念方案（图8-2）。该型电站基于法国核潜艇技术，采用模块化设计，每个模块电功率为160兆瓦，模块长140米，直径14米，排水量20000吨。由水平船只运输到既定海域，部署在100米左右深的海底，通过海底电缆输配电。

综合分析国外浮动式核电站发展过程及现状，可以看出：

（1）浮动式核电站的发展已有相当的基础，其技术来源主要是核动力商船、核动力破冰船及核潜艇技术，同时借鉴了陆上核电站的一些成功经验。

（2）浮动式核电站先进国家立足于系列化发展，以满足不同用户和不同时期的功率需求，如俄罗斯开发了多型浮动电站，单堆电功率为35兆瓦至150兆瓦不等。

（3）核动力装置设计要充分考虑海洋环境条件和船用条件，主要为紧凑布置压水堆和一体化布置压水堆。

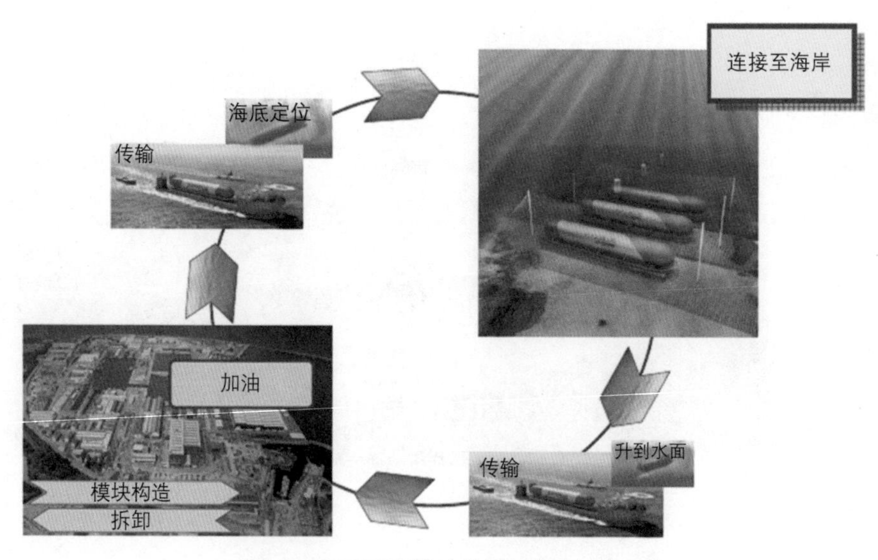

图8-2　FLEXBUIE浮动式核电站的部署示意

二、中国发展预测

基于国内现实和长远的能源需求，加上浮动式核电站具有不占用陆地面积、可根据能源需求分批建设、较好的可移动性、在大多数海岸地区和海洋区域都可以建设等优点，国内相关研发单位陆续开展了浮动式核电站的研发工作。

中海石油（中国）有限公司和中国核工业集团从2007年开始就在渤海地区采用核能进行能源供给的可行性进行论证，就反应堆类型、可采用的平台结构、核能海上供电稳定性等开展了研究，并于2011年初形成了以中国核工业集团正在开发的模块式小型堆ACP100和引进俄罗斯KLT-40S反应堆两种方案的初步可行性研究报告。由于2011年3月发生日本福岛核电站事故，该项合作暂时中止，但研究工作仍在继续。2012年，中国核动力研究设计院在自主研发的模块式小型堆基础上，形成了ACP100S浮动式核电站总体方案。该方案采用船体平台作为载体，船体排水量约30000吨。ACP100S浮动式核电站可同时提供电、热、水等能源，单堆反应堆热功率约310兆瓦，最大发电功率约100兆瓦。

中国核动力研究设计院目前正开展“海上核动力平台研发”（ACP25SK）研究工作，单堆反应堆热功率约110兆瓦，最大发电功率约30兆瓦，目前已完成总体方案设计。

中广核集团中科华研究院提出了ACPR50S浮动式核电站的概念方案。该方案同样采用船体作为核动力装置载体，船体排水量约26000吨，单堆反应堆热功率约200兆瓦，最大发电功率约60兆瓦。

2014年，国家核电技术公司上海核工程研究设计院提出了采用核作为能源的水电联产平台方案，该方案采用半潜式平台作为核动力装置载体，半潜状态下平台排水量约50000吨，单堆反应堆热功率约200兆瓦。由于考虑以供水为主，其发电功率约40兆瓦。

目前，国内研发单位都紧密联系了国内需求，或满足渤海油气开采需求，或满足南海岛礁能源供应。随着我国海洋强国战略实施，2049年前，估计我国能建成20座以上核动力浮动平台，以满足特殊地区的差异化需要。

第三节 核能清洁供热

一、世界概况

纵观全球供暖市场，由于各国的地理位置、能源结构和经济技术水平不同，决定了各自的供暖方式也是差异明显。

对于许多发达国家，追求节能与舒适是其主要考虑因素，供暖方式比较灵活。如美国中部主要为电采暖，南部主要为空调采暖制冷，北部更多采用燃油或燃气采暖；加拿大水电资源丰富，绝大多数居民冬季取暖以用电为主，只有部分地区使用天然气；冰岛利用其丰富的地热资源进行供暖；法国以电采暖为主；对于和我国气候比较接近的韩国和日本，大多采用燃气供暖，只有公用建筑使用集中热水供暖。对于丹麦、芬兰、瑞典、俄罗斯等部分北欧、东欧国家，由于夏季温度低，冬季非常严寒，集中供热是其主要方式。

总体来看，国际上供暖方式灵活多样，集中供暖并非主流，这与我国的国情有很大不同。利用核能集中供热，则主要是在比较寒冷、供暖期较长的部分欧洲核电国家中比较流行，并成功实施多年。

核能供热主要分为两种方式：热电联供和单一核能供热。

热电联供是指从大型核电站的汽轮机抽取部分热

量，作为城市供热的热源。根据所在地需求，有的以发电为主、供热为辅，有的以供热为主、发电为辅。由于核电站机组的容量规模较大，发电效率较高，可以很低的成本为热网提供热源。但是由于大型核电站的厂址必须离大城市有足够远的距离，长输管网投资很大，同时由于输热距离很长，热损失也很大。

目前国际上大约有 57 座反应堆采用热电联供方式进行区域供热，主要分布于寒冷的欧洲国家，如保加利亚科兹洛特尹核电站自 1990 年以来就向科兹洛特尹城供热；匈牙利波克什核电站有 4 座苏联时期设计的 WWER-440 型 V-230 机组，负责向波克什城供热。罗马尼亚切尔纳沃达核电站自 1996 年商运以来，就一直向切尔纳沃达城供热。斯洛伐克博胡尼斯核电站既发电，也向特尔纳瓦低温供热和用于工业用途。另外，俄罗斯、乌克兰、瑞士、捷克等都建有用于热电联供目的的核电站。

单一核能供热方式是指以纯供热为主要目的建造的低温反应堆。在供热期内以供热方式运行，在非供热期内停运，或考虑经济性也可用于其他工业应用。这种形式的反应堆由于不需要发电，可以采用较小功率和更低参数的设计，因此进一步提高了安全性，并大大降低了建设投资，可以贴近大城市居民区建造，进一步缩短输热距离，减少热损失。

苏联、加拿大、德国、瑞士、法国等国都对专用低温核供热堆进行了卓有成效的研发（表 8-1），推出的主要堆型有：苏联设计的壳式一体化自然循环压水堆 AST-500，功率为 500 兆瓦，工作压力为 2 兆帕；加拿大建成的 SLOWPOKE 池式堆，功率为 2 兆瓦，采用常压、自然循环冷却，堆芯出口温度为 80 ℃；德国西门子设计了一种微沸腾式供热堆 KWU-200 以及压水堆式供热堆 HERE-300；瑞士设计了气冷式、壳式、深水池式三种类型的供热堆；法国开发了 THERMOS 型反应堆。专用低温核供热技术已经达到工程实用阶段，部分拥有多年成功运行经验。

加拿大于 1987 年建成了 2 兆瓦 SLOWPOKE-Ⅲ（SDR）常压池式供热堆，为研究所的建筑物供热，运行了 2 年。

20 世纪 70 年代，苏联的高尔基市和沃罗涅日市计划建造两座采用 AST-500 技术的示范堆进行区域供热，并分别于 1983—1985 年开工，90 年代由于政治、经济等原因停止建设，其中高尔基厂址项目进度已经完成 83%，沃罗涅日厂址项目完成 30%。苏联还计划在阿尔汉格尔斯克、伊凡诺沃、布良斯克、哈巴罗夫斯克等市区的厂址建造核热厂。目前，托木斯克市正在研究建造 2 台 AST–500 反应堆，代替现有的核电站，进行区域供热。自 1980 年，苏联又推出了 RUTA 池式堆，用于供热、海水淡化、制冷及研究等用途。经过研究对比，其认为 RUTA 池式堆在安全性、可靠性、经济性、攻关难度、供热参数、厂址适应性等方面都优于 AST 壳式堆。另外，苏联部分用于生产武器级钚的反应堆（相关设计参数未对外公开）也接入区域热网用于供热多年。英国曾使用美诺克斯反应堆在生产钚的同时，进行核能供热。

总之，从20世纪60~70年代，国际上就开始核供热技术研发与市场应用，核能供热的安全性与可靠性已经得到验证，至今积累了超过1000堆·年的应用经验，未发生与核安全相关的事件和事故。只是考虑不同国家的能源结构、资源禀赋，在过去不重视碳排放压力以及集中供热需求本身就不大的情况下，由于单一的纯核能供热相比于价格较低的化石能源供热，经济性并不占优，且容易受到政治因素等的冲击，因而其推广应用规模相对较小。

表8-1 国外主要核供热堆参数

国家	型号	热功率/兆瓦	堆类型	循环方式	一回路	堆压力/兆帕	堆水温/℃	池水温/℃	热网水温/℃
苏联	AST500	500	壳式	自然	一体化	2.0	208	—	144
德国	KWU200	200	壳式	自然	一体化	1.5	198	—	120
法国	THERMOS	100	池壳式	强迫	一体化	1.3	139	40	120
瑞士	SHR10	10	池壳式	自然	一体化	1.5	198	40	120
瑞士	GEYSER	10	深池式	自然	一体化	0.45	156	50/130	120
瑞典	SECURE	200	加压池式	强迫	分支	0.7	120	50	100
加拿大	SDR	2	池式	自然	一体化	0.17	93	68	80
苏联	R50	50	池式	强迫	一体化	0.3	110	60	90
苏联	RUTA20	20	池式	自然	一体化	0.25	95	60	80
俄罗斯	RUTA70	70	池式	强迫	分支	0.27	101	75	90
法国	POOL REACTOR	120	池式	强迫	一体化	0.27	105	40	90

二、中国发展预测

我国从 1981 年提出低温核供热堆研究倡议开始，经过 30 多年的研究，已掌握了能够工程化应用的低温供热技术。过去由于核能供热经济性不如燃煤供热厂，且当时未强调环保等种种原因，核能供热除了实验性或小范围应用以外，至今未规模化推广。但在当前重视生态文明的新常态下，随着北方地区雾霾日益严重，核能供热问题再次受到社会公众的高度关注。相比于其他清洁供暖方式，核能供热具有低碳清洁、安全性高、经济性好、运行稳定等多重优势，是当前不可多得的、较为成熟的替代一次能源，可为大规模集中供暖提供清洁能源。

发展核能供热是落实低碳清洁能源战略、解决大气污染的一种有效策略。粗略估计，我国北方需要采暖范围遍布 17 个省（自治区、直辖市），占国土面积的 60% 以上，采暖人口达到 7 亿人以上。但是我国集中供暖的热源仍以热电联产和区域锅炉房为主，每年消耗煤炭超过 5 亿吨，再加上发电用煤、工业用煤和散烧煤，一年 30 多亿吨燃煤的排放物正是导致全国范围内碳排放超标，尤其是华北地区冬季雾霾严重的主要原因。相比于化石能源供热，核能供热低碳、清洁，具有显著的环保效益。一座 200 兆瓦核能供热堆每年可替代 16 万吨燃煤或 8000 万米^{3}燃气，对比煤炭可减少排放烟尘 1600 吨，减少灰渣 5 万吨，减少排放二氧化碳 26 万吨，减少排放二氧化硫 3000 吨，减少排放氮氧化物 1000 吨，对比天然气可减少排放二氧化碳 13 万吨，减少排放氮氧化物 500 吨。而放射性释放仅为燃煤排放的 2% 左右。如果用核能供热承担基本热负荷，替代热电联产热源和污染严重的区域锅炉房、分散小锅炉房，冬季雾霾问题将得到较大缓解，环保效益显著。

估计到 2049 年前，我国将有相当数量的核电机组兼顾供热功能，丰富核能用途，安全保障不同能源形式需要。

第四节 空间用放射性同位素电池

放射性同位素电池（简称同位素电池）是将原子核衰变过程中释放的能量转换为电能的装置，主要由放射性同位素热源和热电转换装置组成，系统原理如图 8-3 所示。

放射性同位素衰变放能是一种自发特性，放能大小、速度不受外界环境影响，因此，抗干扰性强、工作稳定可靠；另外，同位素电池通常采用寿命较长的放射性同位素作为热源，因此同位素电池的寿命也较长。目前，空间用同位素电池一般采用钚 -238 同位素作为热源，转换方式通常采用半导体温差转换。同位素电池适合的电功率范围一般为千瓦以下，与其他常规电源相比具有环境适应性好、使用寿命长、结构紧凑、可靠性高和免维护等特点。迄今为止，空间应用的同位素电池的最大电功率接近 300 瓦（用于多个航天器的 GPHS-RTG）；而使用寿命最长的已超过 30 年（用于旅行者 1 号和 2 号的 MHW-RTGS）。

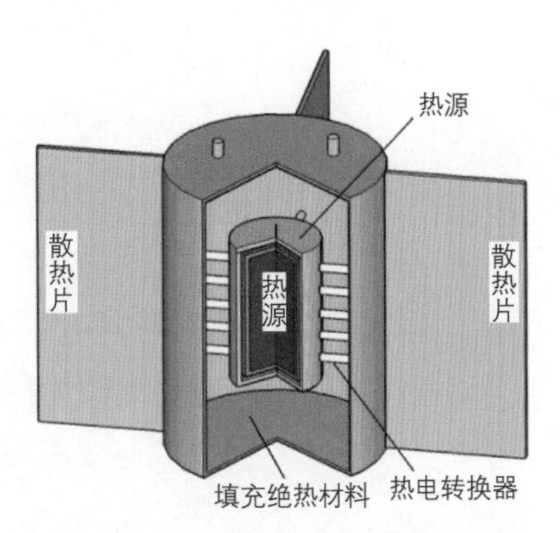

图8-3 放射性同位素电池系统原理

一、世界概况

1 美国

美国在1954年研制成功的世界上第一个同位素电池（图8-4），采用钋-210作为同位素热源，产生了1.8毫瓦的电力，验证了同位素电池的可行性。之后，美国迅速将同位素电池用于各种航天器供电。

20世纪60~70年代，美国研发并应用了SNAP-3B、SNAP-9A、SNAP-19、SNAP-19B、SNAP-27等在内的系列化放射性同位素电池，电功率数瓦至数十瓦不等，热源均采用钚-238同位素，热电转换效率约5%，SNAP系列主要用于导航卫星、气象卫星和月面试验站。其中，1961年美国携带有SNAP-3B（图8-5）同位素电池的子午仪-4A导航卫星（图8-6）成功发射，为世界上首次在空间任务中应用同位素电池，在太空中运行了十多年，大大超过原来的设计寿命。美国1972年发射的“先驱者10号”探测器（图8-7）搭载有4颗SNAP-19（图8-8）同位素电池，任务开始时可以提供约160瓦的电力，截至2003年最后一次接收到“先驱者10号”探测器的信号，同位素电池已经工作了长达31年之久。

20世纪70~90年代，美国研制了功率更大的百瓦级同位素电池（MHW-RTGS，图8-9）和通用任务热源同位素电池（GPHS-RTG，图8-10），转换效率超过6%，电功率最大达290瓦，主要用于通信试验卫星和行星际探索任务。

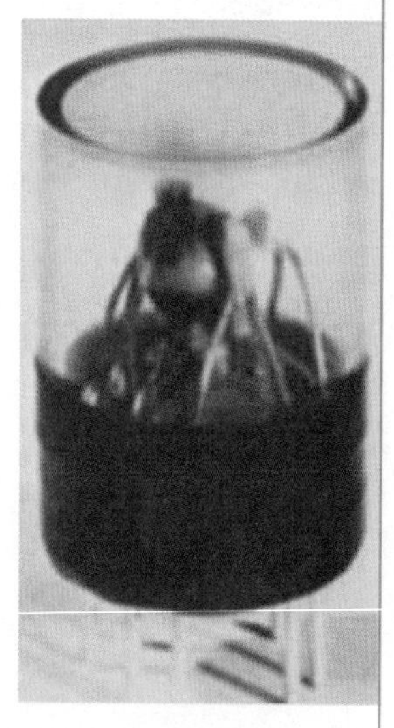

图8-4　世界上第一个同位素电池

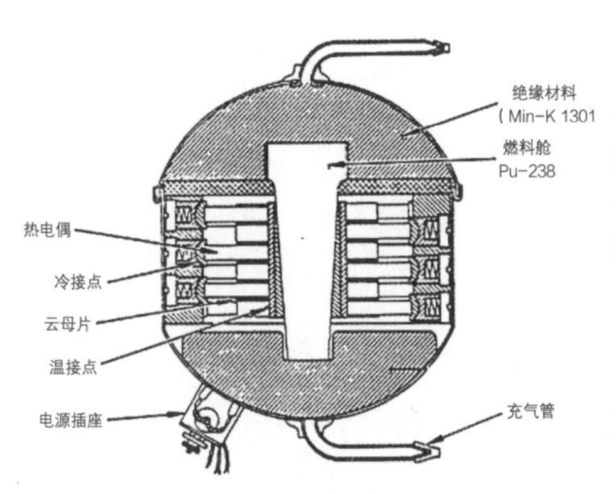

图 8-5 SNAP-3B 同位素电池剖视图

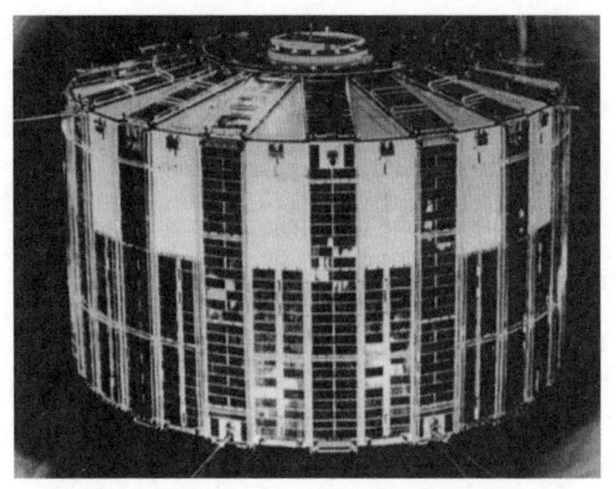
图 8-6 子午仪 -4A 导航卫星

图 8-7 “先驱者 10 号”探测器飞离太阳系（艺术图）

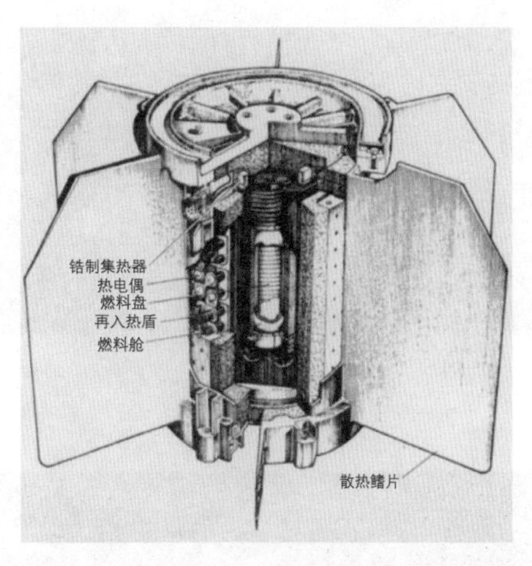

图 8-8 SNAP-19 同位素电池剖视图

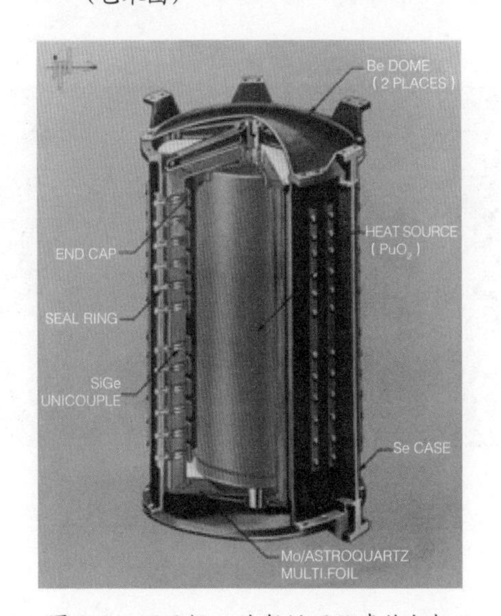

图 8-9 百瓦级 - 放射性同位素热电机

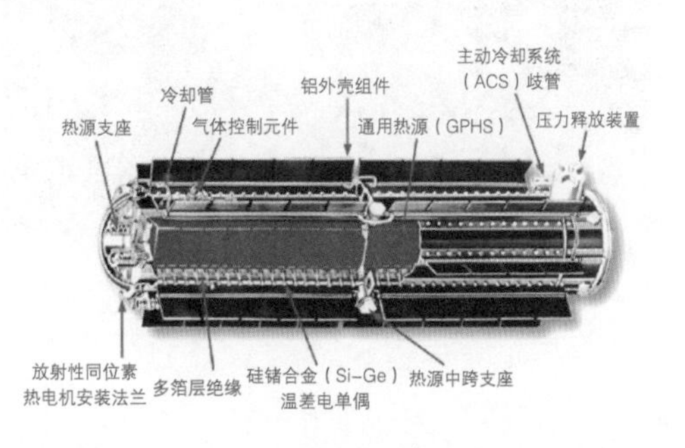

图 8-10 GPHS-RTG 同位素电池剖视图

美国发射的2艘旅行者号探测器(图8-11)都装备了3个MHW-RTGS同位素电池(任务初始总电功率约470瓦),其中旅行者1号1977年9月发射升空,2014年9月离开太阳系进入恒星际空间,是人类首个冲出太阳系的飞行器,也是迄今为止人类飞的最远的飞行器,科学家预计其装备的MHW-RTGS将可使其继续飞行至2025年。GPHS-RTG的最大电功率达290瓦,装备在美国的伽利略号(图8-12)、卡西尼号(图8-13)、尤利西斯号(图8-14)和新地平线号(图8-15)探测器上,工作寿命均已超过10年。

图8-11 旅行者号探测器飞跃木星和土星(艺术图)

图8-12 伽利略号木星探测器(艺术图)

图8-13 卡西尼号探测器飞跃土卫六(艺术图)

图8-14 尤利西斯号探测器与木星交汇(艺术图)

进入 21 世纪后，美国对同位素电池进行了技术改进，研发出多任务同位素电池（MMRTG，图 8-16）。该同位素电池采用模块化热源，在结构上减少了活动部件，进一步提高了可靠性，可以经受火星表面着陆过程产生的冲击等。2011 年发射的好奇号火星巡视器（图 8-17）采用的就是 MMRTG，电功率为 110 瓦。

图 8-15 新地平线号探测器飞跃冥王星（艺术图）

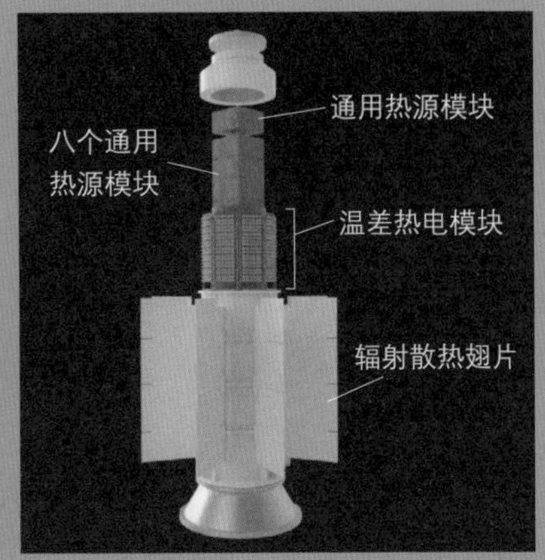

图 8-16 MMRTG 同位素电池

图 8-17 好奇号火星巡视器（艺术图）

2 俄罗斯

苏联在20世纪60年代就开始了放射性同位素电池研制计划，但在空间任务中实际使用不多。苏联早期研发的RTG使用放射性同位素为钋-210，后转为钚-238。最近一次的使用，是俄罗斯在1996年11月发射失败的火星-96飞船（图8-18），采用了钚-238同位素电池，热功率为8.5瓦，输出电功率为220毫瓦。

图 8-18 火星-96 飞船

当前，钚-238原料短缺是制约空间用同位素电池发展的主要因素。一方面，需要恢复、提升钚-238产能，比如美国已于2013年重启了钚-238的生产；另一方面，则需要提升钚-238的利用率，因此，未来同位素电池技术的主要发展方向应该是发展并采用更高效的热电转换技术，如先进温差热电偶（ATEC）、先进斯特林发电机（ASRG）、热光伏（TPV）等热电转换技术，将目前仅百分之几的热电转换效率大幅提升。

目前，同位素电池在空间中的应用均为无人任务。在未来，同位素电池还将继续服务于各种无人空间任务（尤其是各种缺乏太阳能的空间任务）。同时，随着新型高效热电转换技术的应用，单个同位素电池的输出电功率有望达到千瓦以上，多个同位素电池的联合应用可以供给数千瓦电力，这个功率量级已经可以支持一些载人空间任务，尤其是早期的有人月球及火星任务。

二、中国发展预测

我国在 1971 年由中国科学院上海原子核研究所研制出的第一颗放射性同位素电池，采用钋 -210 作为热源，输出电功率 1.4 瓦。从 2004 年开始，中国原子能科学研究院启动了用于空间的同位素电池研发工作，并于 2006 年研制出我国第一颗钚 -238 同位素电池。经过多年的努力，我国自行研制的同位素电池有望在不远的将来在空间任务中实现应用。

第五节 空间核反应堆电源

空间核反应堆电源是在空间任务中将核反应堆产生的热能转换成电能为航天器供电的装置。空间核反应堆电源主要由反应堆本体、影子辐射屏蔽、热电转换系统、废热排放系统和自动控制系统五部分组成，系统原理如图 8-19 所示。

目前，太阳能电池是应用最广泛的航天供能形式，其技术成熟、安全可靠、工作寿命较长，电功率可高达数十至百千瓦。与太阳能电池相比较，空间核反应堆电源的根本优点在于其为自主电源，不依赖于阳光，且储能极高，从而在以下方面独具优势：

(1)它是自主电源，不依赖于阳光，可全天时、全天候连续工作，能够在深远空间、太阳阴影区工作；

(2)环境适应性好，生存能力强，可在尘暴、高温、辐射等恶劣条件下工作；

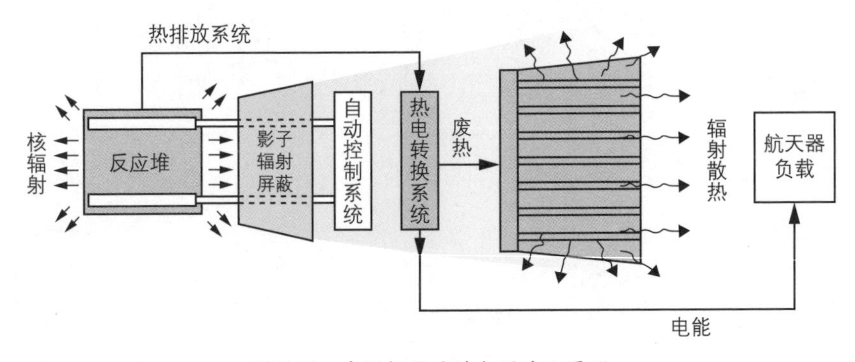

图8-19　空间核反应堆电源系统原理

（3）适用功率范围广，可以覆盖千瓦至兆瓦及以上功率输出，可以有效满足航天任务日益增长的能源需求；

（4）质量功率比随功率增长而降低，在大功率条件下质量功率比优于太阳能电池，且功率越大，质量优势越明显，非常适合于大功率航天任务；

（5）无对日定向要求，可设计成紧凑结构，隐身特性及机动特性好，大功率条件下系统体积及结构展开尺寸远小于太阳能电池，受打击面积小，非常适用于为军事任务服务。

总的来说，相较于太阳能电池，空间核反应堆电源具有环境适应性好、功率覆盖范围广、结构紧凑以及大功率条件下质量更小的突出优点。不过，空间核反应堆电源也具有技术复杂、研发周期长、投资高的特点，存在并需要解决辐射防护和核安全等特殊问题。

一、世界概况

1 美国

美国在 1965 年发射了世界上第一个空间核反应堆电源 SNAP-10A（图 8-20）。SNAP-10A 设计寿命 1 年，电功率 500 瓦，系统总质量 435 千克。这也是迄今为止美国发射的唯一一个空间核反应堆电源。虽然美国仅发射了这一个空间核反应堆电源，但是美国对于空间核反应堆电源技术进行了长期连续、系统深入的研发工作。

在 20 世纪 50~70 年代，美国针对潜在的国防和太空探索任务需求以核辅助电源系统（SNAP）计划为中心开展了大量的概念设计和技术研发活动，发展了 SNAP-2、SNAP-8、SNAP-10A、SNAP-50 等多种反应堆系统，建造了 6 个原型反应堆并进行了试验。

20 世纪 80~90 年代，在星球大战计划（SDI）及太空探索倡议（SEI）计划的支持下，美国开展了以 SP-100（图 8-21）计划为主的研究开发工作。SP-100 设计输出电功率 100 千瓦、寿命 10 年（满功率运行时间 7 年），系统总质量 4.6 吨，发射状态时的尺寸为直径 4 米、长 6 米。

2002 年，美国 NASA 开始实施太空核能倡议计划（NSI）（后更名为普罗米修斯计划），计划至 2012 年投资 90 亿美元，研究核心是大功率空间核反应堆电源及核电推进技术。计划中确定了输出电功率为 200 千瓦的核反应堆电源系统方案，该电源计划用于为冰覆木卫轨道飞行器（JIMO，图 8-22）提供电力。由于技术复杂、经费投入巨大以及 NASA 空间任务发展优先级变化的原因，该计划仅持续数年时

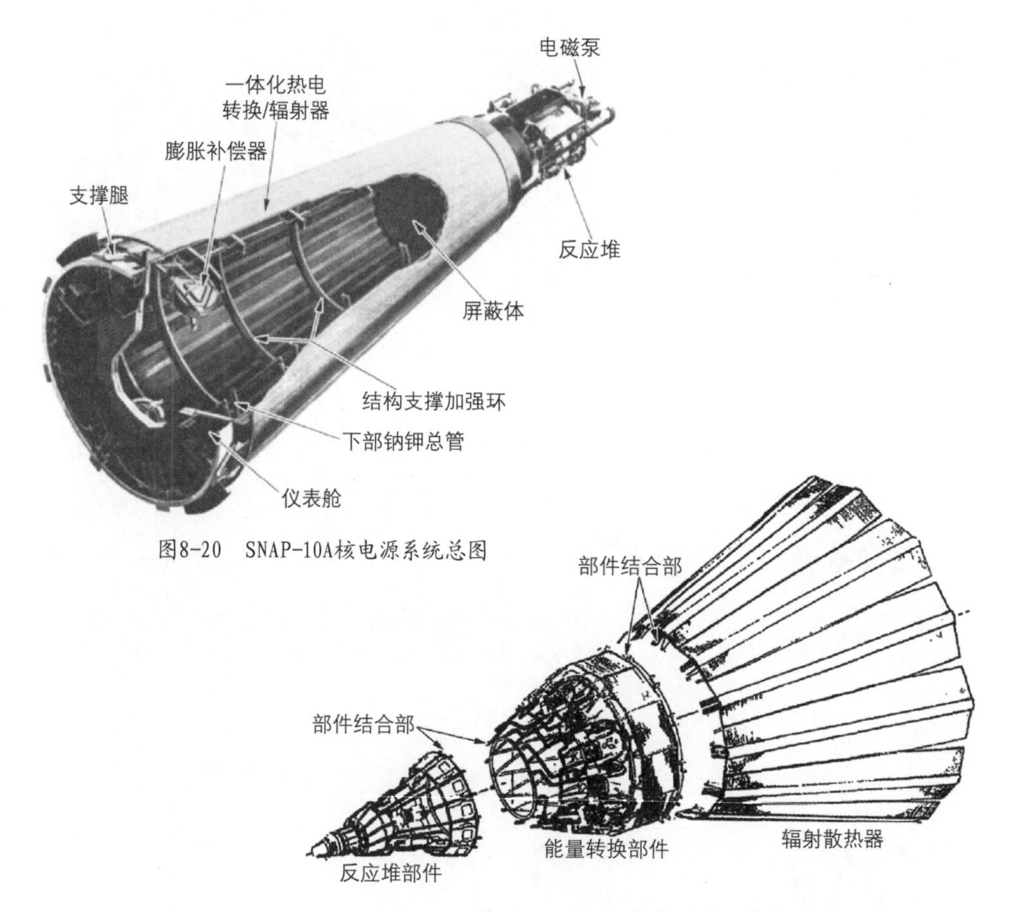

图8-20 SNAP-10A核电源系统总图

图8-21 SP-100核电源系统总图

间，于 2006 年终止。

2006 年后，美国开始重点研发为未来星球基地供电的经济可承受星表裂变电源（AFSPS，图 8–23）和千瓦级电源（Kilopower，图 8–24）计划。AFSPS 设计电功率 40 千瓦，寿命 5~8 年，利用月球土壤构建部分辐射屏蔽的方案系统总质量约 4.9 吨，截至 2015 年，已经完成了全系统非核集成演示工作。Kilopower 采用了模块化的设计理念，根据任务需求适当改变系统结构可以输出 500~10000 瓦的电功率，美国于 2015 年启动了“采用斯特林技术的千瓦级反应堆演示验证”（KRUSTY，图 8–25）项目，目前正在建设地面原型堆，计划于 2017 年夏天开始实验测试工作，全面验证该型电源的可行性。预计美国将于 2020 年具备千瓦级核反应堆电源的飞行应用条件。

图8-22　JIMO飞船（艺术图）

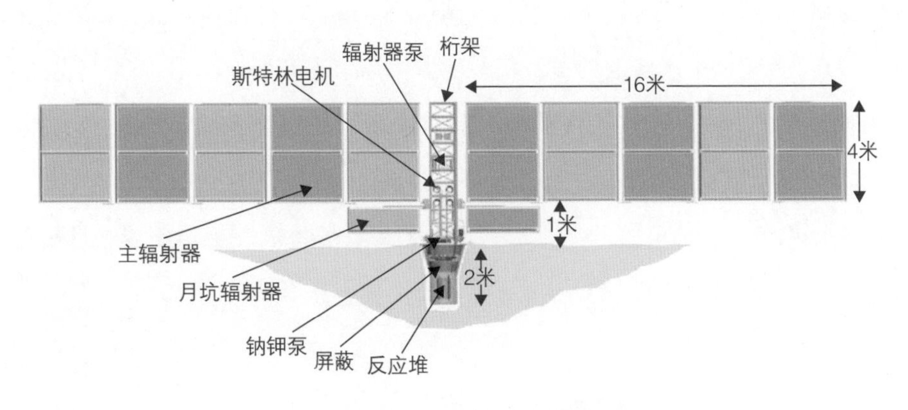

图8-23　AFSPS参考概念图

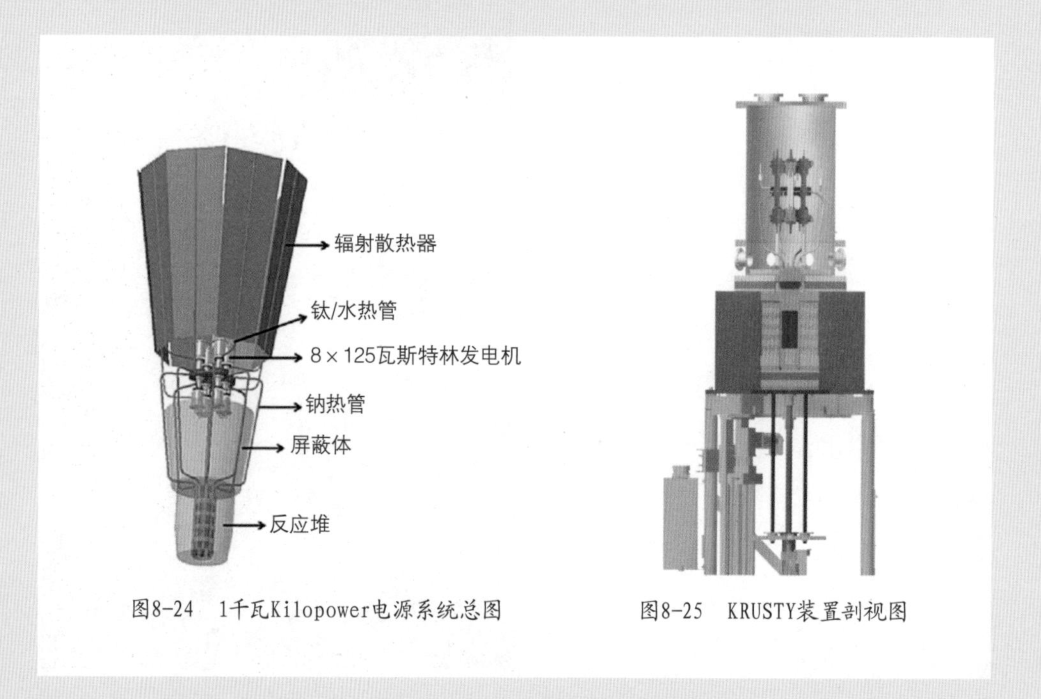

图8-24　1千瓦Kilopower电源系统总图

图8-25　KRUSTY装置剖视图

2 俄罗斯

苏联从1956年开始研究空间反应堆电源技术，至苏联解体前，共开发了4个主要型号（Romashka、BUK、TOPAZ-Ⅰ和TOPAZ-Ⅱ），一共向太空成功发射了34颗（32颗采用BUK型电源，2颗采用TOPAZ-Ⅰ型电源）使用空间核反应堆电源的宇宙系列军事侦察卫星，取得了引人瞩目的成就。Romashka（图8-26）是石墨直接导热、温差热电偶转换的核反应堆电源，电功率460~475瓦。BUK型空间核反应堆电源（图8-27）采用温差热电偶转换，液态钠钾合金回路冷却，电功率3千瓦。TOPAZ-Ⅰ型空间核反应堆电源（图8-28）采用液态钠钾合金回路冷却，多节热离子热电转换，电功率5千瓦。TOPAZ-Ⅱ型空间核反应堆电源（图8-29）与TOPAZ-Ⅰ型相似，所不同的是，采用了单节热离子热电转换，电功率5千瓦。

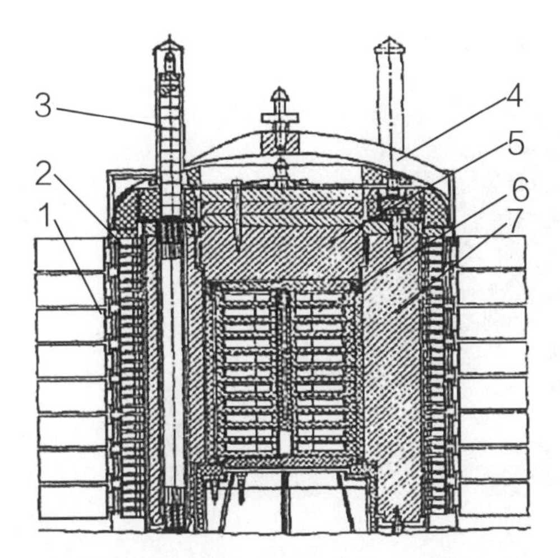

1. 辐射散热翅片　2. 温差热电偶元件　3. 控制鼓　4. 反应堆容器
5. 轴向反射层　6. 堆芯　7. 径向反射层

图8-26　Romashka剖视图

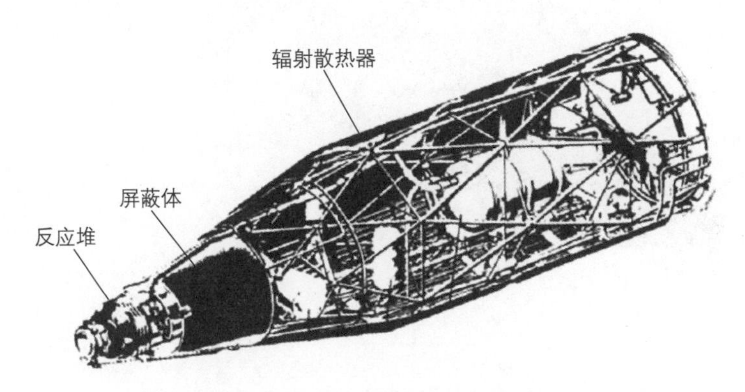

图8-27　BUK核反应堆电源系统总图

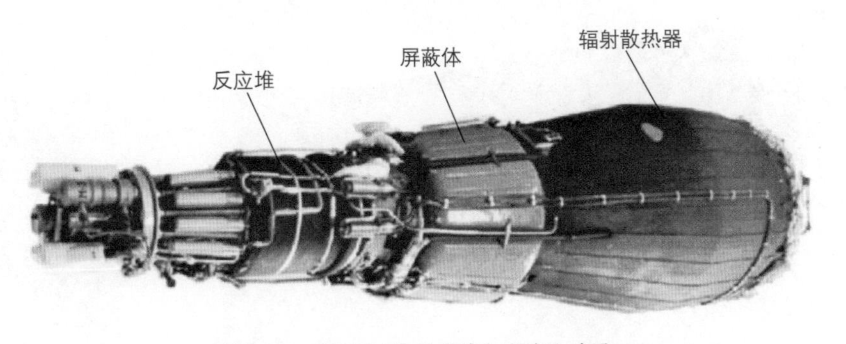

图8-28　TOPAZ-I核反应堆电源系统总图

图8-29 TOPAZ-Ⅱ核反应堆电源

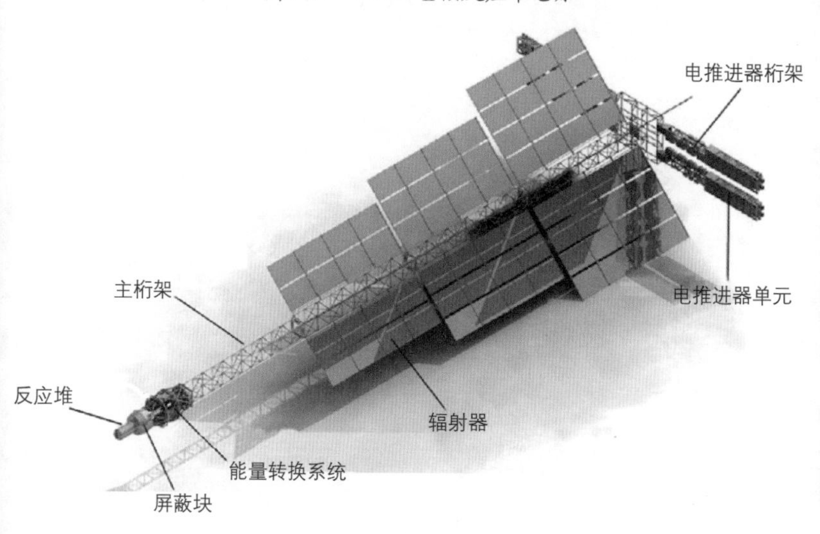

图8-30 俄兆瓦级核动力飞船概念图

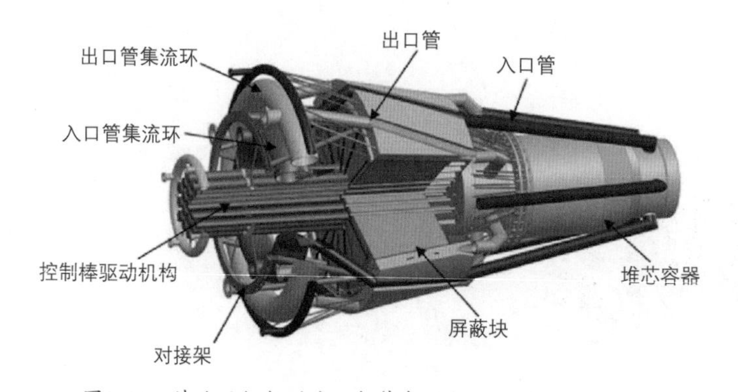

图8-31 俄兆瓦级核动力飞船装备的核反应堆电源概念图

苏联解体后，由于经费投入大幅缩减，俄罗斯的空间核反应堆电源研究开发只能在小规模下发展。2009年，俄罗斯批准实施兆瓦级空间核动力飞船（图8-30）研发计划，开启了俄罗斯空间核动力发展的新阶段。该兆瓦级空间核动力飞船为核电推进，核反应堆电源（图8-31）采用超高温气冷快堆设计，气体布雷顿循环发电，计划至2025年之前完成飞船制造和飞行试验准备工作。

3 欧洲

欧洲有关国家历史上也开展过空间核反应堆技术研发，但在研发规模、研发深度、持续时间上与美国和俄罗斯（苏联）相差较远，也没有真正实现应用。值得一提的是，为支持新时期欧盟“地平线 2020”（Horizon 2020）战略，近年来欧盟开始重新审视空间核反应堆电源在航天任务中可以发挥的重要作用，从 2011 年起连续执行了“空间电源和推进颠覆性技术”（DiPoP）计划、“用于长周期探索计划的空间电源和推进系统用兆瓦级高效能技术”（MEGAHIT）计划以及“电推进系统转换器、反应堆、辐射器、推进器演示验证”（DEMOCRITOS）计划，积极推动空间核反应堆电源有关研发。其中，在 MEGAHIT 计划中提出了建造国际核电推进飞船（INPPS Flagship，图 8-32）的设想并完成了概念研究，在 DEMOCRITOS 计划中则完成了该飞船的初步设计，该飞船计划在 2030 年后发射升空。

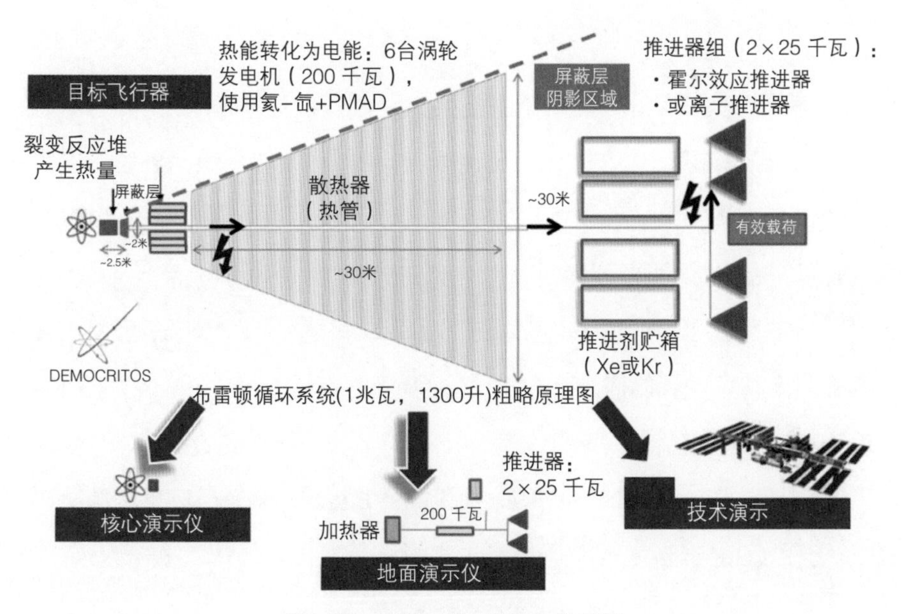

图8-32　INPPS Flagship飞船原理

二、中国发展预测

进入 21 世纪后，美国、俄罗斯的相关空间核反应堆电源研发计划稳步推进，各种新方案、新思潮层出不穷，作为迅速崛起中的大国，我国也明确表示在未来的深空探测任务中将应用空间核动力，空间核反应堆电源技术进入了黄金发展时期。按照目前的发展态势，可以预计到 2049 年左右，美国、俄罗斯、欧洲及中国将有能力实现空间核反应堆电源的系列化发展，实现功率水平的全覆盖，全面满足各种航天任务对电功率的不同需求。同时，包括液滴型辐射器、碳纤维翅片辐射器、高效热电偶转换、碱金属转换、磁流体转换、热光电转换等在内的新技术有望获得突破，有力提升空间核反应堆电源性能；而裂变碎片电源、聚变反应堆电源等概念的关键技术一旦获得突破，将彻底颠覆当前空间任务架构。

第六节 核热推进

核热推进是利用核反应堆反应产生的热能直接将推进剂（如氢气）加热到很高的温度，将其从喷管喷出，产生推进动力。核热推进系统主要由反应堆、喷管、液氢贮箱、工质供应系统等构成，系统原理如图 8-33 所示。

核热推进系统的推力大，可达数百千牛，比化学火箭略小或相当。核热推进系统的比冲高，可达 1000 秒左右，是化学火箭的 2 倍多。对于相同的推进任务，核热推进所需要的推进剂仅为化学火箭的一半，可大幅降低初始发射质量。

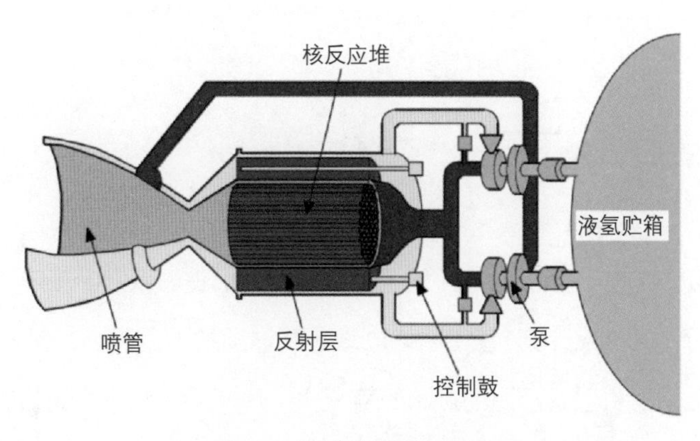

图8-33 核热推进系统原理

一、世界概述

1 美国

美国于 1955 年启动了致力于核热推进技术研究的 ROVER 计划（图 8–34），拟将核热推进应用于推进大型洲际弹道导弹。整个 ROVER 计划期间共进行了 14 个不同系列核热推进反应堆部件和发动机组件的热试车，如 KIWI 系列、Phoebus 系列、Peewee–1、Nuclear Furnace–1 等，取得了丰富的数据，为发动机整机研制奠定了基础。

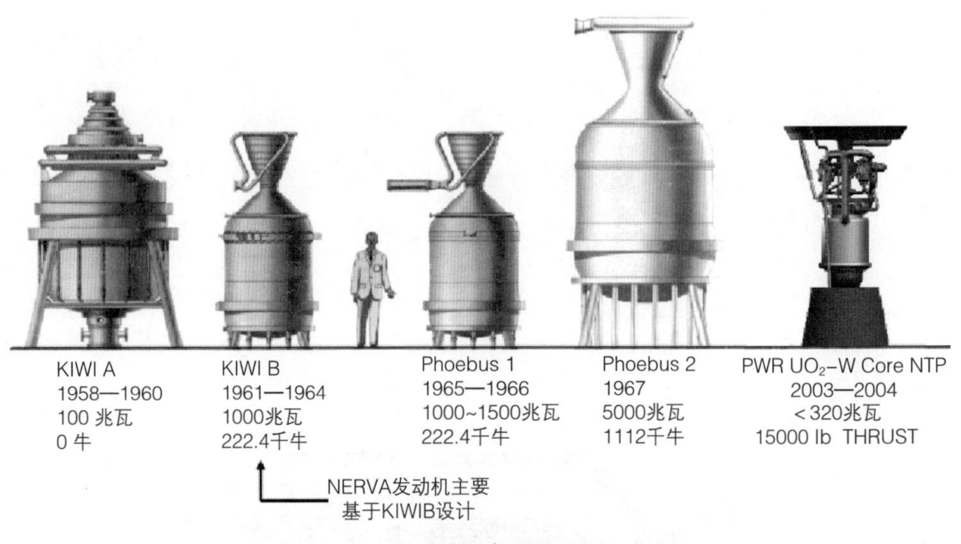

图8-34 ROVER计划中建造的核热推进系统

20 世纪 60 年代阿波罗载人航天计划启动后，美国以 ROVER 计划开发成果为基础，启动了 NERVA 计划（图 8–35），设想将这项技术用于 20 世纪 80 年代初的火星、木星、土星及更遥远行星的载人探索任务。NERVA 计划对高比冲、大推力、可重复使用的核热推进系统进行示范论证，技术目标是推力达到 334 千牛、比冲达到化学火箭的 2 倍即 825 秒、运行时间 10 小时。NERVR 计划期间共进行了 6 次发动机的热试车（NRX 系统、XE–PRIME 发动机），考核了包括比冲、重复启动性、变推力能力、持续工作寿命等在内的多种性能。

ROVER/NERVA计划取得了丰硕的成果，验证了多种推力水平（11.33、22.7、34 和 113.4 吨）、专用高温核燃料、发动机持续运行能力和再启动能力，具备了开展飞行试验样机研制的技术条件。

在 ROVER/NERVA 计划进行的同时，美国同时开展了“710”计划。计划期间，通用电气公司开发出将二氧化铀弥散于难熔金属（钨、钼、钽等）的金属陶瓷燃料元件，并进行了性能测试。基于这种燃料元件，阿贡国家实验室设计了ANL2000 和 ANL200 核热推进发动机，推力分别为 445 千牛和 44.5 千牛，比冲 873 秒，运行时间 10 小时。ANL2000 反应堆如图 8-36 所示。

图8-35 NERVA计划中建造的NERVA核热推进系统

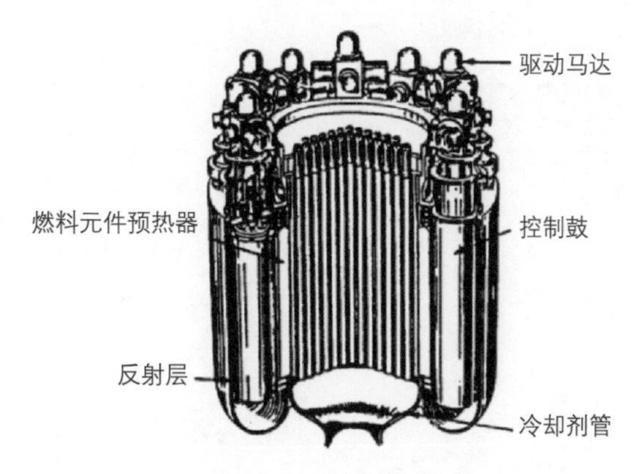

图8-36 ANL2000反应堆

20 世纪 80~90 年代，在星球大战计划中，美国设想使用核热推进作为拦截弹道导弹和进行空间轨道转移的动力，于 1987 年制订了 Timberwind 计划。后由于冷战结束，1992 年该计划改名为 SNTP（空间核热推进），并持续到 1994 年。在此期间，共投资 8 亿美元，对颗粒床式燃料的反应堆（PBR，图 8–37）进行了深入研究，燃料测试温度达 3000 开尔文，并对 1000 兆瓦的原型堆进行了临界试验。尽管没有如 ROVER/NERVR 计划期间开展大型地面试验，但发动机工作原理机制得到了更深入全面的把握，并在技术上也得到了进一步的发展。与此同时，核热推进的应用领域和应用效能也得到了重新评估，结果表明其最适合应用于需要快速运送大质量有效载荷的载人火星探测等空间探索领域，可以使载人火星探测的初始地球轨道停泊质量相较于采用化学火箭推进减少一半以上。

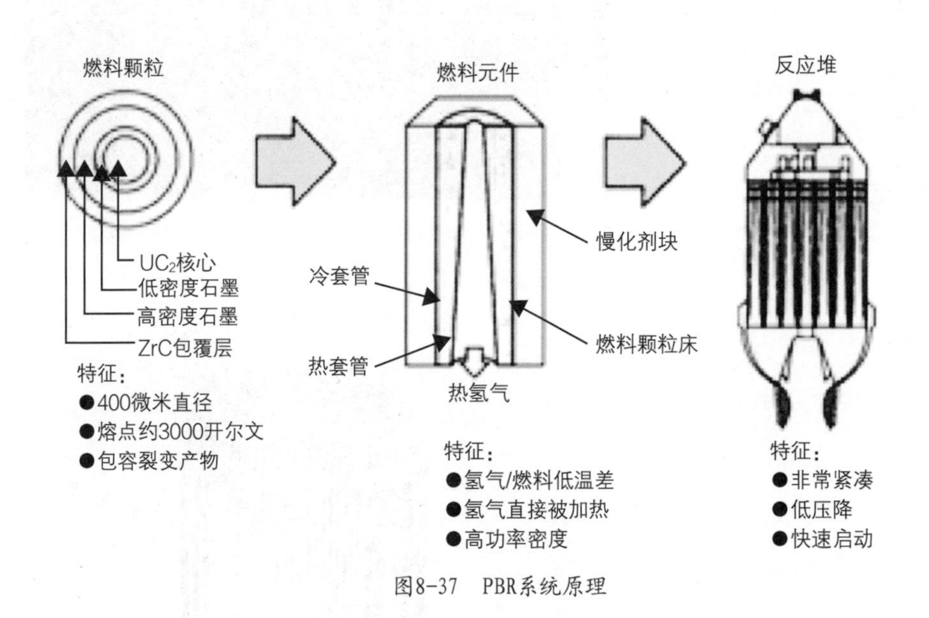

图8–37　PBR系统原理

2010 年，为呼应新版的《国家太空政策》，美国重新启动了核热推进技术的开发与论证工作，期望将其应用于载人小行星和火星探索任务，主要计划为核低温推进级（NCPS）项目，采用了充分利用已有技术基础、经济可承受、可持续发展的核热推进开发策略。截至 2015 年，分别基于 NERVA 燃料和金属陶瓷燃料开展了发动机概念设计，完成了用于测试燃料元件的非核环境模拟器（NTREES，图 8-38）的升级改造，重新掌握了 NERVA 石墨基体复合燃料和金属陶瓷燃料制造技术并制造出样件。后续工作包括 2019 年在内华达试验场开展地面技术论证以及在 2023 年开展飞行技术论证任务。为降低开发成本，这两次论证将使用小型、小推力的发动机（2268~3493 千克）。这种小型发动机可以通过增加堆芯直径和燃料元件数量的方式扩展到期望的大推力发动机。2026 年完成较大的 11340 千克级发动机的设计、制造、地面测试及飞行测试。潜在的应用包括月球飞跃任务、小行星往返任务、火星载货 / 载人。

图8-38 升级改造后的NTREES试验装置

2 俄罗斯

俄罗斯（苏联）核热推进的研发主要集中在苏联时期。在美国开始核热推进研究不久，苏联也开始了相关研究。与美国一开始就建造反应堆进行试验验证的思路不同，苏联采用了在试验台架上对核热推进反应堆的部件尽最大可能进行逐个演练的原则，这样可以减少必要的全规模反应堆试验内容，基于这一原则，俄罗斯选择非均匀反应堆作为发展方向。俄罗斯先后建造了 IGR（图 8-39）、IVG-1（图 8-40）和 IRGIT 三座反应堆用于核热推进技术的开发，开发成功耐高温、耐氢腐蚀性能更优的三元碳化物燃料，建成了代表其最高技术水平的全尺寸 RD-0410 核热推进试验样机（图 8-41）并完成了模拟试验。

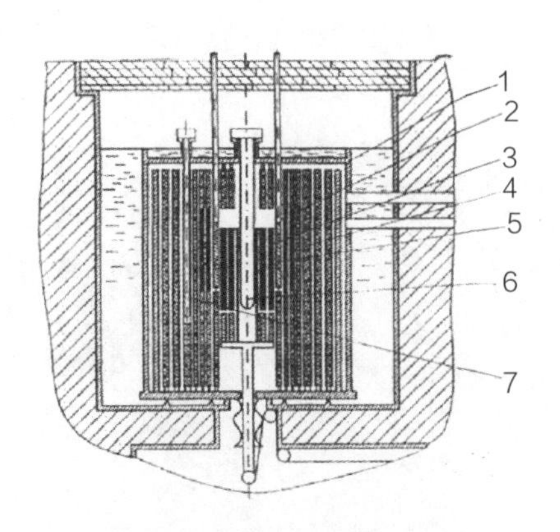

图8-39　IGR反应堆剖视图

1. 反应堆压力容器　2. 堆芯　3. 堆芯可移动部分　4. 反射层　5. 控制元件　6. 中心试验孔道　7. 旁侧试验孔道

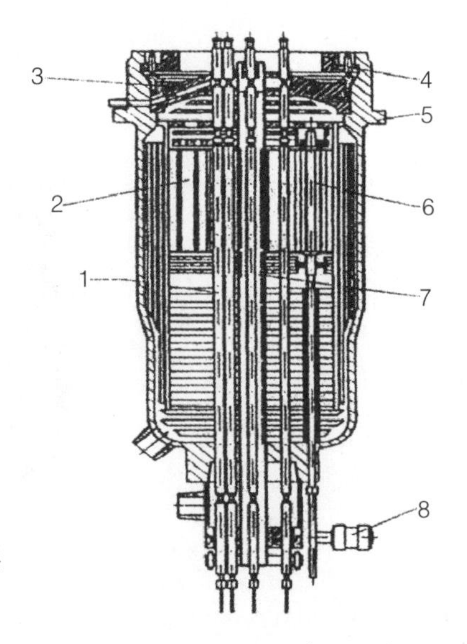

图8-40　IVG-1反应堆剖视图

1. 燃料组件　2. 反射层　3. 顶盖　4. 锁定器　5. 压力容器　6. 控制元件　7. 回路孔道　8. 驱动机构

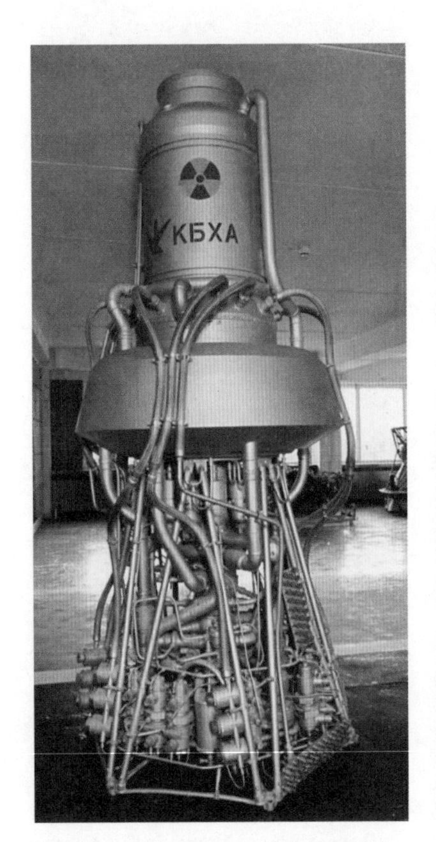

图8-41　RD-0410核热推进系统样机

苏联解体后，俄罗斯核热推进技术研发规模大幅缩减，主要研发工作包括IVG-1反应堆升级工作、碳氮化物燃料开发以及双功能模式空间核动力系统（同时提供6.8吨推进动力和几十千瓦电功率输出，图8-42）设计。2009年后俄罗斯开始重点研发采用核电推进方式的兆瓦级核动力飞船计划，针对兆瓦级核动力飞船的技术路线，俄专家指出，核热推进技术用途受到限制，开发成本高昂，核电推进方案更具优势。以此推测，未来俄罗斯核热推进技术研究可能将退居次要位置。

早期设计的核热推进应用任务一般只采用单个大推力的核热推进系统（数十吨至百吨级推力），考虑到大推力核热推进研发技术难度大、成本高，且载人飞行任务应用单个核热推进系统的安全可靠性较差，因此大推力核热推进技术已经逐渐被放弃。当前核热推进的研发方向应该是中等推力（数吨至十吨级推力），将多个这样的核热推进系统捆绑使用，可以满足不同的任务需求。同时，在具体研究方案上，将核热推进系统的组成部分进一步模块化，对各模块进行单独试验，并注重采用非核试验方式，可以大大降低试验难度、节省研制费用。而对于最核心的燃料元件技术，开发耐高温、耐氢蚀性能更优的新型燃料来提高核热推进的性能应该是持续研究的重点。

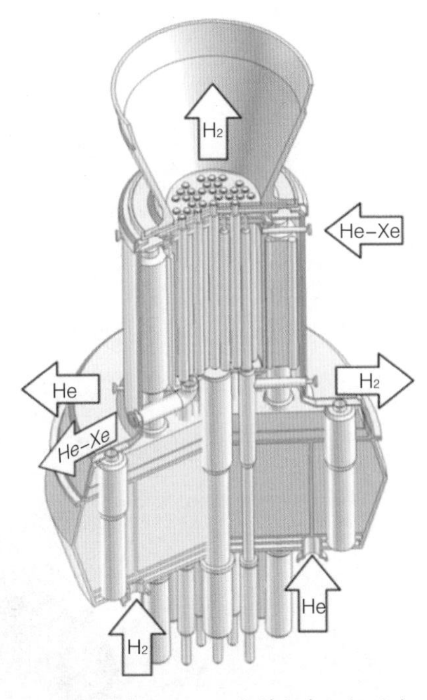

图8-42 俄罗斯双功能模式空间核动力系统

前述提到的技术方案均为固体堆芯核热推进，伴随技术进步，液态堆芯及气态堆芯核热推进相关关键技术的突破将进一步提升核热推进系统的性能，而至于更先进的聚变核热推进技术的发展，则可以使人类具备大规模走出太阳系的能力。

二、中国发展预测

当前，美国正在积极复兴核热推进技术，有关计划稳步推进，而伴随我国载人登火等计划的实施，我国也将会系统开展核热推进技术研发。可以预计，到 2049 年，核热推进技术将会广泛应用在各种空间军民任务，极大提升人类探索开发宇宙空间的能力。

第九章
政策建议

为推进实现核能安全发展、创新发展、可持续发展，要充分发挥我国核能发展的后发优势，抓住能源科技领域的制高点，打造我国完整先进的核工业产业体系，实现核能产业跨越式发展。进一步增强核能在能源转型中的驱动力、引领力和带动力，着力提升核能的竞争力，在市场机制下，加强政府宏观管理，强化产业政策引导，增加先进核能技术开发的公共投入，提升自主化水平，促进公众接受度提升，推动核能产业走出去，实现我国核能产业的繁荣和壮大。

第一节 加强顶层设计，强化国家统筹

美国为推动能源战略转型，先后出台未来能源安全蓝图、全面能源战略、国家先进制造战略计划等战略规划及配套行动计划，支持核能创新发展；欧盟率先构建了面向2020年和2030年的能源气候战略框架，围绕能源系统转型开展研究和创新优先行动，并正式提出“工业4.0”战略。

我国应进一步加强政府主导，尽快制定核电发展中长期2035和2049规划，加强顶层设计，制定核能有关领域的技术发展路线图，形成可落地执行的目标和任务体系。积极跟踪世界核电技术发展趋势，加快研究开发超高温气冷堆、固有安全压水堆和快中子增殖反应堆技术，根据各项技术研发的进展情况，及时启动试验或示范工程建设。积极推进成熟核能在城市供热、工艺供热、海水淡化、小规模供电等多用途利用。坚持国际合作发展聚变反应堆技术。

第二节 完善法律法规体系，提升核安全监管能力

考虑到核电产业辐射面广、技术与安全要求高、开发和建设周期长，不仅涉及核燃料、装备制造等相关工业体系，还涉及军民两个方面，必须依法推进、科学决策、正确导向。

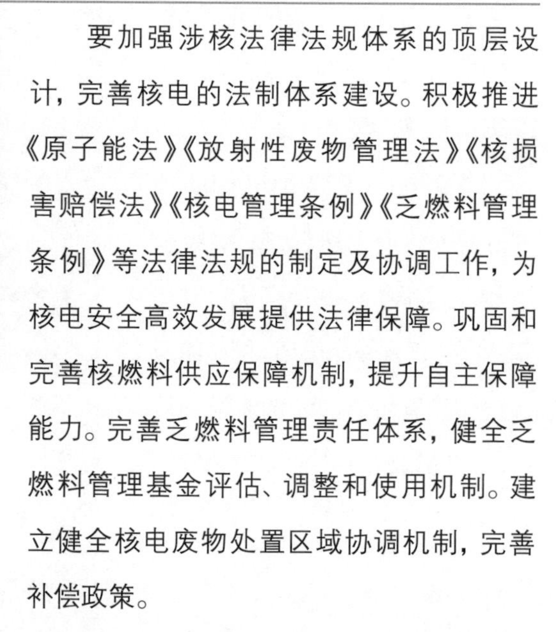

要加强涉核法律法规体系的顶层设计，完善核电的法制体系建设。积极推进《原子能法》《放射性废物管理法》《核损害赔偿法》《核电管理条例》《乏燃料管理条例》等法律法规的制定及协调工作，为核电安全高效发展提供法律保障。巩固和完善核燃料供应保障机制，提升自主保障能力。完善乏燃料管理责任体系，健全乏燃料管理基金评估、调整和使用机制。建立健全核电废物处置区域协调机制，完善补偿政策。

深入贯彻落实习近平生态文明思想，秉持理性、协调并进的核安全观，完善与我国核电发展相适应的行业管理和安全监管体系，提升行业管理与安全监管能力和水平。

第三节 保持核电发展节奏和政策稳定

福岛核事故之后，我国在核电建设节奏上不连续、不稳定，不利于核电装备制造业、核燃料产业体系的发展，也不利于人才队伍稳定。我国要坚持发展定力，充分发挥政府在促进清洁能源发展过程中的主导作用。

统筹规划沿海、内陆核电项目，保持相对稳定的发展节奏，每年实现适度规模的审批建设目标，确保政策的稳定。加强项目管理，做好国内项目建设，特别是出口堆型的示范项目建设，切实做好质量、进度和成本控制。统一协调清洁能源与核能电源及电网的规划建设，对核能调峰电源的建设给予一定的优惠政策。完善符合市场规律的核电建设及投融资机制。进一步完善核电及其相关设施建设和运行项目核准及管理审批机制，健全核电相关领域的市场准入和执业资质制度。

第四节
建设安全可靠的“四位一体”天然铀保障供应体系

铀资源是核能发展的基础。要高度重视铀资源保障体系建设，增强铀资源保障体系建设的前瞻性，继续完善国内生产、海外开发、国际贸易、战略储备“四位一体”的天然铀供应保障体系。国内坚持“多探少采、上大限小、保护性开发”原则，做到资源储备、人才和技术、产业体系等“四个立足国内”，研究解决“无权”找矿开矿、后备勘查基地有限等问题。加大天然铀海外开发力度，采取开发项目与勘查项目相结合，控股与参股合作并举，合理做好海外开发布局，有效规避风险。逐渐建立我国主导的天然铀价格指数。积极推进多层次储备，加大二次供应能力保障。加大科技创新力度，支持基础、应用和装备技术科研，重点推进新地区、新类型和新层位大型铀矿后备资源扩大技术，推进高性能关键勘查采冶装备材料自主研发，持续支持开展海水提铀等基础前瞻技术研发。

第五节 切实做好核电及相关配套设施厂址开发保护

核电及相关配套设施厂址资源的保护与开发是核能可持续发展的前提。

统筹核电厂、核燃料加工厂、后处理厂、乏燃料贮存和放射性废物管理设施，以及先进核能系统的厂址资源，要尽早统筹布局，尽快制定相关综合性开发利用规划，加快建立国家核电及相关配套设施厂址储备库及厂址目录。完善相关制度，明确核电及相关配套设施厂址的开发主体资质、开发审批程序、厂址保护与合理利用制度等。对列入保护和重点论证目录的厂址，相关省地方政府会同企业做好厂址保护工作，为核电及相关配套设施长远发展提供保障。制定厂址保护资金筹集办法和对保护厂址所在地的补偿制度，建立互惠机制，探索开发式保护模式，实现保护和发展双赢、企业和地方共同受益。

第六节 完善核能科技创新体系建设

我国技术基础仍比较薄弱，在高性能核燃料、核仪器、关键设备等方面仍落后于国际核强国，尤其是在基础理论、基础材料数据、研发验证平台等方面存在欠缺。要加大核行业主管部门对包括科研院校在内的全行业科技管理力度，加大政府在基础科研经费和应用研发引导资金上的投入，加大原始创新，集成创新力度，重点扶持一批核能企业和研究单位，加快核心技术的攻关和装备研制。积极吸收发达国家研发体系模式优势，加快建立核领域国家实验室，加强基础前沿技术攻关，组成高水平的研发团队，开展联合攻关，形成产学研的研发和应用体系。建立成果和数据共享机制，实现在下一代核电系统技术的领跑。针对受控核聚变，国家要长期、持续地支持科研活动。扩大国际合作水平和层次，在先进核能系统及先进燃料方面逐步形成以我为主，共同开发的局面，扩大我国在全球创新链中的作用和价值。

第七节 加快推进核能标准化及知识产权策划

目前我国自主核电标准体系的建立、应用和推广不足，标准基础研究欠缺，同国外先进标准相比较质量和水平还有一定差距。按照质量第一、效益优先的要求，促进自主标准体系的建立，可以在政府及行业协会的组织下，通过加强与其他堆型技术和标准的对比，借鉴国际先进技术和经验，针对华龙一号 CF4 燃料等技术创新特点，结合反馈的经验，建立一套体现我国核能技术发展水平的标准体系，保证自主标准的通用性和适用性。

全面排查国内外知识产权壁垒情况，预警可能存在知识产权侵权风险。进一步开展高价值专利与核行业标准融合工作，以专利赢得标准制定权，以标准促进技术创新。

第八节 加强对高水平人才的培养与引进

加大人才引进和培养力度。聚焦人才引进的方向和领域，着力引进一批国内外高层次人才和创新团队。加大紧缺领域的人才培养力度，特别是核燃料循环后段领域。根据产业创新及产业需求明确我国各类、各层次核专业人才的培养计划。加大涉核高校特色学科建设，科学规划核本科专业布局，建立长期稳定的人才培养和经费投入机制。鼓励企业与国内外科研院所深入合作创新人才培养模式，培养和引进高级工程师、高级技师、技术工人等高技能人才，建立健全与国际接轨的核专业人才认证制度，提高核专业人才的职业化及国际化水平。

第九节 制定核能“走出去”支持政策

从国际核电市场看，核能走出去对于带动核能产业链发展，促进国家间长期稳固的政治、经济、外交关系意义重大。根据国际原子能机构统计，2030 年前，全球将新建机组约 300 台，其中“一带一路”相关国家新建机组数将占约 80%。核电走出去是国家综合实力的体现，需要从国家层面明确战略。建议国家层面上组建专门领导小组或部级协调机制，制定核电“走出去”发展策略，配合“一带一路”倡议，在体制机制上进行创新、形成合力。完善融资政策，建议在上海经济合作组织、亚洲基础设施建设银行、丝路基金等组织建立专门的对接部门，切实推进核电“走出去”战略的实施。加快推进关键设备国产化与自主化，加强核电“走出去”知识产权战略布局和知识产权专业人才培养，建立核电“走出去”知识产权合作共赢机制。

参考文献

[1] 国家发展和改革委员会，国家能源局，能源技术革命创新行动计划（2016—2030）[Z]. 2016.

[2] 国家发展和改革委员会，国家能源局，能源消费和供给革命行动计划（2017—2030）[Z]. 2017.

[3] 国家发展和改革委员会，国家能源局，电力发展“十三五”规划（2016—2020 年）[Z]. 2017.

[4] 中国核能行业协会，中智科学技术评价研究中心，中国核科技信息与经济研究院. 中国核能发展报告（2020）[M]. 北京：社会科学文献出版社，2020.

[5] 白云生，张明. 核是论 [M]. 北京：中国原子能出版社，2016.

[6] 中国科学院. 中国核燃料循环技术发展战略报告 [M]. 北京：科学出版社，2018.

[7] 中国工程院“我国核能发展的再研究”项目组. 我国核能发展的再研究 [M]. 北京：清华大学出版社，2015.

[8] 中国科学技术协会，中国核学会. 2014—2015 核科学技术学科发展报告 [M]. 北京：中国科学技术出版社，2016.

[9] 白云生，申瑞华，张萌. 核电在我国未来能源结构中的地位与发展前景研究 [M]. 北京：中国原子能出版社，2018.

[10] 闫丽蓉，张明. 关于完善新一轮核电价格形成机制的思考 [J]. 中国核电，2017，10（2）：166-168.

[11] 王鸿雁. 关于中核集团核电“走出去”战略的实施策略建议 [J]. 中国核电，2017，10（2）：

169–171.

[12] 林双幸，林浩淼．“一带一路”沿线国家铀资源合作开发展望[J]．中国核电，2017，10(2)：161–165.

[13] 宋丹戎，秦忠，程慧平，等．ACP100 模块化小型堆研发进展[J]．中国核电，2017，10(2)：172–177.

[14] 王丹．解读“十三五”发展规划，助力核电发展[J]．中国核电，2017(2)：157–160.

[15] 霍尔 – 拉齐．21 世纪的核能[M]．北京：清华大学出版社，2013.

[16] 中国国际核聚变能源执行中心，核工业西南物理研究院．国际核聚变能源研究现状与前景[M]．北京：中国原子能出版社，2015.

[17] 加里・麦克拉肯．宇宙能源：聚变[M]．北京：中国原子能出版社，2008.

[18] 中国核学会．“核”我探秘：我们身边的核科学技术[M]．北京：中国原子能出版社，2015.

[19] 李建刚．托卡马克研究的现状及发展[J]．物理，2016(2)：88–97.

[20] 张柏生，张茂青，汪萍，等．未来电力来自核聚变发电[J]．苏州大学学报，2004(6)：55–58.

[21] 朱士尧．核聚变原理[M]．合肥：中国科学技术大学出版社，1992.

[22] 邱励俭．核聚变研究 50 年[J]．核科学与工程，2001(1)：29–38.

[23] 邓柏权．聚变堆物理：新构思和新技术[M]．北京：中国原子能出版社，2013.

[24] 万元熙．各国聚变能发展战略和现状[R]．ITER 专项“聚变实验堆设计研究”项目汇报研讨会，2011.

[25] 核融合研究開発の推進について[R]．日本原子力委員会核融合会議，平成 04 年原子力委員会月報 37(6)，1992(430).

[26] 今後の核融合研究開発の推進方策について(案)[R]．原子力委員会核融合専門部会，2005.

[27] 今後の核融合研究開発の推進方策について[R]．日本原子力委員会核融合専門部会，平成，2017.

[28] Kwon M A strategic plan of Korea for developing fusion energy beyond ITER[J].

Fusion Engineering and Design，2008(83)：883-888.

[29] 磁约束聚变堆总体设计组第八次工作会议课题汇报文集[R]. 科学技术部，磁约束聚变堆总体设计组，2013.

[30] Feng K M. Activation calculation and environmental safety analysis for fusion experimental breeder(FEB)[M]// 中国核科技报告. 北京：中国原子能出版社，1996.

[31] Huang J H，Feng K M. An Overview of Tritium Production[M]// China Nuclear Information Center.China Nuclear Science and Technology Report. Beijing：Atomic Energy Press，2002.

[32] Feng K M，Zhang G S，Deng M G. Transmutation of minor actinides in a spherical tours tokamake fusion reactor[J]. 核工业西南物理研究院年报：英文版，2002(1)，44-48.